PALESTINA,

LA SINFONÍA DE LA TIERRA

ANNA TORTAJADA

Desde 1989 traductora literaria al catalán y al Castellano de numerosos textos de autores en lengua alemana para diferentes editoriales. Al mismo tiempo, colaboraciones como guionista en emisoras de radio, publicaciones periódicas de artículos en periódicos y participación en programas de televisión y de radio.

Desde el año 2000 ha publicado como autora 25 títulos (literatura infantil y juvenil, novela histórica, narrativa) predominantemente en catalán, pero también en castellano. Algunos de sus libros se han traducido a otras lenguas y comercializado en diversos países.

Intensa dedicación en bibliotecas y centros de enseñanza de primaria y de secundaria a actividades de fomento de la lectura. Ha dirigido talleres de escritura e impartido charlas y conferencias.

Mención Especial Medios de Comunicación en febrero de 2001 otorgada por el Instituto de Derechos Humanos del Parlamento de Catalunya.

Desde julio de 2014 reside en Berlín y empieza a escribir en alemán. 2016 publicación del relato "Die Frau, die den Vögeln nachlief"; 2019 del texto "Liebeslügen", que se estrenó como cabaret en 2017; 2021 se ha publicado "Die liebende Fremde".

IMPRESSUM

Verlag Akademie-der-Abenteuer
Boris Pfeiffer, Pfalzburger Straße 10, 10719 Berlin
E-Mail: info@verlag-akademie-der-abenteuer.de

1. Auflage
Umschlaggestaltung und Satz: Michèle Meister
Herstellung: Verlag Akademie-der-Abenteuer
Druck und Bindung: BoD GmbH, Norderstedt
www.verlagakademie.de

ISBN (print): 978-3-98530-120-1
Printed in Germany

PALESTINA,

LA SINFONÍA DE LA TIERRA

Anna Tortajada

VERLAG Akademie DER ABENTEUER

INDICE

PRIMER MOVIMIENTO
Vidas paralelas a ambos lados de un muro

SEGUNDO MOVIMIENTO
La tragedia de Djamila

TERCER MOVIMIENTO
La tragedia de Arik

CUARTO MOVIMIENTO
Puertas para la esperanza

"La concordia se expresa musicalmente como armonía. La orquesta exige que los músicos se escuchen, que ninguno trate de tocar más alto que el otro, que se respeten y se conozcan. Es un canto al respeto, al esfuerzo de conocer y comprender al otro."

Fragmento del discurso pronunciado por Daniel Barenboim en la ceremonia de entrega de los premios Príncipe de Asturias, el año 2002, al ser galardonado con el Premio a la Concordia, junto con el escritor Edward Said, en reconocimiento a su iniciativa de paz y entendimiento. Said y Barenboim fundaron, el año 1999, la West-East Divan Orchestra, que cada verano reúne a jóvenes músicos árabes e israelíes.

PRIMER MOVIMIENTO

Vidas paralelas a ambos lados de un muro

Arik

Una familia diferente

Desde que era pequeño, Arik oía hablar en casa, a sus padres, de los disparates que hacía el gobierno. Y se había acostumbrado a que a veces, en la escuela, sus compañeros de clase se metieran con él o a que los vecinos de su calle le miraran con malos ojos o criticaran a su madre y se refirieran a ella como la puta de Arafat.

Desde que era pequeño, Arik sabía qué era el miedo cuando el tío Ariel aparecía por su casa. En realidad, era tío de su madre, el hermano pequeño de la abuela Ruth, que había muerto hacía muchos años. Arik solo la conocía por las fotografías que su madre guardaba en una caja de zapatos.

El tío Ariel había llegado a Palestina hacía apenas unos años. No había nacido allí como Arik o sus padres, o como otros ciudadanos del nuevo Estado de Israel. Sin embargo, Arik no conocía a nadie más fanático que él.

A sus padres tampoco les gustaba el tío Ariel, que se vanagloriaba, muy ufano, de que su nombre significara "el león de Dios". Cuando se marchaba, sus padres discutían:

—No quiero que tu tío vuelva a poner los pies en esta casa, Efrat —decía siempre su padre—. Me resulta ofensivo.

—¿Cómo vamos a negarnos, Yitzhak? Somos la única familia que tiene —suspiraba su madre.

Ahora que ya era algo mayor, el miedo que le producía el tío Ariel se había esfumado y sus apariciones solo le causaban el mismo enojo y el mismo rechazo que aquellas visitas provocaban en su padre.

Pero tampoco pensaba en él demasiado a menudo.

Cuando terminara la escuela secundaria tendría que decidir si quería ir a la universidad o concentrarse del todo en la música. Su profesor del Conservatorio estaba convencido de que si el chico trabajaba duro y se tomaba los estudios tan en serio como hasta entonces, podía llegar a ser un virtuoso del violonchelo.

El territorio

Unos 6.000 años atrás...

...la gente todavía deambulaba de un lado para otro. Desde la gran península que separa el continente africano del asiático y que recibiría el nombre de la Arabia Feliz, fueron muchos los pueblos que llegaron a la región que hoy se conoce como el Oriente Próximo.

Eran pueblos de raza semita que andaban en busca de un lugar donde instalarse. Harían de aquellas tierras su hogar y se llamarían asirios, babilonios, cananitas, amoritas, fenicios, hebreos y árabes. Con el tiempo, darían origen a grandes civilizaciones y sus culturas se perpetuarían durante generaciones y generaciones. Poblarían las costas mecidas por el mar y los valles fértiles de los ríos que las recorren. Cruzarían tan a menudo sus desiertos de arena o de piedras hasta establecer en ellos numerosas rutas por donde desfilaban, de oasis en oasis, ricas caravanas. Llevaban toda clase de mercancías de ciudad en ciudad. Las caravanas favorecían el intercambio de productos, pero también de costumbres, de noticias y de tendencias innovadoras en la música o en cualquiera de las artes. Mediante el comercio, se difundieron mejoras técnicas en las herramientas, en el uso de los metales o en la construcción. Y también relatos, leyendas y versos.

Todos aquellos pueblos con un origen común, hablaban lenguas similares que se irían perfilando y diferenciando con el paso de los años, bajo las influencias distintas a que unos y otros fueron expuestos. También los hermanaba una rica tradición poética oral y un código de conducta, nacido de la dureza de la vida nómada, que se regía por el honor y el coraje, la lealtad y la generosidad.

Djamila

La vida y los sueños

Desde que era pequeña, Djamila soñaba con convertirse en una concertista reconocida y en ser tan respetada y tan buena como Fayrouz o Um Kalsum, la cantante más famosa de todo el mundo árabe.

En la escuela primaria había aprendido a tocar la flauta, pero ella quería más.

Desde que era pequeña, Djamila soñaba. Su madre, Yassera, cuando la oía hacer planes, la abrazaba.

Le gustaba, a Djamila, el modo en que su madre la abrazaba. Su calidez. Su madre la mecía un poco, le cubría el pelo de besos y luego la apartaba con un empujón suave.

—Anda, deja de fantasear y si ya has terminado los deberes, vete a ver qué hace el pillastre de tu hermano pequeño.

Y es que, al vivir como quien dice recogidos en casa del tío Jalil, el hermano mayor de Yassera, y con todas las dificultades que suponía vivir bajo la ocupación de los ejércitos de Israel, su deseo de estudiar en una escuela de música, era lo más parecido a un sueño. ¡Más que un sueño! Era pura ciencia ficción.

¡Si apenas podía ir a la escuela, con todos aquellos toques de queda sin sentido y todos los impedimentos que el gobierno de Israel les ponía para ir de un lado a otro!

Aparte de soñar, Djamila no tenía la menor idea de qué haría cuando fuera mayor. Todo a su alrededor le hablaba de incertidumbre. La incertidumbre que, como un soniquete fastidioso asomaba por todas partes. La única seguridad la tenía cada mañana al despertar: Estaba viva. Un día más. Oía roncar al abuelo Adnán. Saher, su hermano mayor, que siempre estaba enfurruñado, incluso cuando dormía se agitaba inquieto. En cambio, el pequeño Nabil, dormía a pierna suelta, después de andar haciendo de las suyas todo el día por las calles.

Hacía tiempo que Djamila no veía a su padre. Salim se había visto forzado a marcharse a los países del Golfo para encontrar trabajo. Era ingeniero. En Palestina, durante un tiempo, había tenido que dedicarse a realizar trabajos de albañilería, a sueldo de los israelíes, pero cuando se quedó definitivamente en el paro, decidió marcharse. A cualquiera de los países vecinos, ricos en petróleo, donde sus conocimientos le permitirían cobrar un buen sueldo.

Abraham o Ibrahim

Unos 4.000 años atrás...

...una gran parte de la Humanidad todavía nomadeaba con sus rebaños y sus tiendas. En aquellos días, un hombre, con todo su ganado y su familia, dejó atrás la región de sus antepasados, donde se alzaba la antiquísima ciudad de Ur, cerca del Creciente Fértil que regaban los ríos Tigris y Éufrates. Eran los tiempos de la esplendorosa civilización sumeria, sedentaria y agrícola, que hablaba la lengua akadiana y utilizaba la escritura cuneiforme, como hacían también los babilonios al sur y los asirios al norte.

La convivencia pacífica era fuente de prosperidad.

Aquel hombre se llamaba Abraham o Ibrahim, según cuál de sus descendientes pronunciara su nombre, porque eran lenguas que se escribían sin vocales.

Ibrahim significa “el amigo de Dios”. Abraham, “el padre excelso”.

Según cuenta la leyenda, fue padre de muchos pueblos.

Ismael, que significa “Dios escucha”, el hijo mayor de Ibrahim, encabezaría una numerosa estirpe, de la que proceden los pueblos árabes.

Isaac, que significa “el que se ha reído”, el hijo menor de Abraham, iniciaría la historia del pueblo israelita.

Fue una historia de traiciones.

Sara, la esposa de Abraham, no podía tener hijos. O al menos, eso parecía. Impaciente, la mujer ofreció su esclava Agar a su marido, para que tuviera descendencia en ella, como era costumbre entonces. Pero en cuanto nació el pequeño Ismael, Sara se llenó de celos y de envidia. Y cuando, por fin, ella también se quedó embarazada, no paró hasta conseguir que Abraham echara a la madre y al niño del campamento. Al cabo de nueve meses parió a Isaac, que heredaría la bendición de su padre.

Isaac tuvo dos hijos gemelos de su esposa Rebeca. Jacob y Esaú, el Peludo, a quien también llamaban Edom, el Pelirrojo.

Esaú era el preferido de su padre y le correspondía el derecho de primogenitura. Sin embargo, cuando llegó el día, Rebeca, que sentía debilidad por el otro gemelo, se las ingenió para engañar a su esposo, que ya había perdido mucha vista, y consiguió que éste bendijera a Jacob.

Y así fue como el usurpador, que poco después se cambiaría el nombre y se haría llamar Israel, que significa "el que ha sido fuerte", se convirtió en un gran patriarca. De todos los hijos que Jacob tuvo con sus cuatro mujeres, los doce varones serían los padres de las doce tribus de Israel.

Abraham o Ibrahim, según cuál de sus descendientes pronunciara su nombre, vagó por las tierras de Canaán, nomadeando de aquí para allá, hasta que plantó su tienda en Mambré, cerca de Hebrón, donde murió como un inmigrante.

La abuela Ruth

Encontrar un lugar en el mundo

La abuela Ruth era muniquesa. Su padre era un prestigioso médico, un especialista en afecciones de pulmón, con una clientela que se extendía más allá de los límites de Baviera, muy respetado por sus colegas, que a menudo pedían su opinión cuando tenían alguna duda acerca del diagnóstico de un paciente.

Era la mayor de cuatro hermanos. En las fotografías se la veía siempre en una actitud protectora, tan maternal que hasta parecía que fuera ella la madre y no aquella otra mujer, de aspecto delicado, vestida de blanco de la cabeza a los pies, que siempre aparecía sentada en una butaca tapizada de terciopelo oscuro.

La abuela Ruth tenía muy buena presencia. No era una belleza, pero tanto de jovencita, como luego, de mayor, había sido una mujer que llamaba la atención. Era corpulenta, con la cara redonda y las mejillas carnosas. Llevaba el pelo castaño claro y abundante, recogido en una gruesa trenza sobre la cabeza, como una diadema. Los ojos grises, siempre risueños, al igual que la boca grande, de labios finos. Tenía la piel muy clara –que con la vida al aire libre, en el *kibutz*, se le oscurecería– y tersa. Ni de vieja tuvo arrugas, a excepción de las que el sol y la risa le dibujaron.

En Múnich, la abuela Ruth había vivido como cualquier otra joven alemana de su época, hasta que las campañas propagandísticas del partido de Hitler contra los judíos empezaron a producir su efecto y se sintió señalada con el dedo. Su padre fue perdiendo clientes, que con uno u otro pretexto, anulaban las citas, cambiaban de médico o dejaban de ir por la consulta. Incluso un pretendiente que tenía, un chico que la cortejaba y con quien habían hablado incluso de casarse, la dejó plantada un buen día, porque quería hacer carrera y casarse con una judía lo perjudicaría.

El tío Ariel era el hermano menor de la abuela Ruth, aunque casi podría haber sido hijo suyo, porque nació cuando su hermana ya era una adolescente. Fue el último hijo de aquella familia muniquesa que decidió emigrar antes de que las cosas se pusieran todavía peor y estallara la Segunda Guerra Mundial. Ariel era pequeño. Debía tener unos cuatro o cinco años cuando se embarcaron rumbo a los Estados Unidos de América. El tío Ariel solo recordaba de aquella travesía que su madre lo tomó en brazos, en el momento de zarpar, para que viera alejarse las costas de Europa. Y la tristeza de su madre y de sus hermanos mayores, que sabían que aquél era un viaje sin retorno.

La abuela Ruth no rechistó cuando su padre decidió vender todo cuanto la familia poseía en Alemania y marcharse a los Estados Unidos, a empezar una nueva vida. Pero no entendía qué les sucedía a sus compatriotas. En Alemania había gente de diferentes religiones, pero todos eran alemanes. Hasta entonces, poco había importado. Todo aquello le parecía un disparate, propio de la Edad Media, pero como la situación no hacía más que empeorar, ella tampoco quería quedarse.

Llegó a los Estados Unidos con poco más de veinte años. Allí, judíos procedentes de diferentes lugares, sobre todo de Europa, se habían unido entorno a la Organización Sionista Mundial, que reclamaba un territorio donde poder establecer un Estado judío. El *Eretz Israel*. El Gran Israel. Al mismo tiempo, facilitaba a judíos del mundo entero la llegada, aunque fuera ilegal, a Palestina. La Organización Sionista Mundial financiaba los asentamientos de los colonos. Y su defensa.

El tío Ariel no tuvo que sufrir las privaciones que otras familias que habían emigrado a América no pudieron ahorrarse. El reconocimiento de que disfrutaba su padre y el apoyo de la Agencia Judía los protegieron. Su padre pronto abrió una consulta y la familia pudo mantener el mismo tren de vida que había llevado en Múnich. El pequeño Ariel fue a una buena escuela judía donde aprendió inglés, pero también hebreo, mientras que en casa recibía clases particulares de alemán, porque sus padres no querían que perdiera la lengua de su país de origen y de sus antepasados.

Desde muy joven, el tío Ariel trabajó para la Agencia Sionista de Inmigración, que ya en aquella época, durante los últimos años del Imperio Otomano, mucho antes de la creación oficial del Estado de Israel, compraba tierras en Palestina y llevaba gente hasta allí. Lo llamaban hacer la *aliah*. Volver a casa. Volver a Palestina. A pesar de que nunca habían vivido allí.

La Agencia Judía se encargaba de instalar a aquella avalancha de inmigrantes dispuestos a crear un país propio. Recibían tierras donde edificar asentamientos rurales, *kibbuzim*, los llamaban. Se les proporcionaba una vivienda y servicios sociales, se garantizaba la educación y la formación de los más jóvenes.

Todavía lo hacía.

Los *kibbuzim* crecían y crecían. Y se creaban otros nuevos. Año tras año, se iban instalando en Palestina miles de judíos alemanes y del resto de Europa; del Yemen, de Marruecos y de Etiopía; de Rusia, tras el desmembramiento de la URSS, y de diversas ex repúblicas; de Bosnia y de Kosovo; de Siria, de Iraq, de Chechenia, de la Argentina, de Francia, de Sudáfrica...

En poco tiempo, los inmigrantes judíos, que no dejarían de llegar a Israel y de desperdigarse también por los territorios ocupados de Palestina, con la protección del ejército, se contaban por millones.

La abuela Ruth también había llegado a Palestina a través de la

Agencia Judía, poco después de que se creara el Estado de Israel. La enviaron a trabajar en la construcción de un *kibbuz*, un asentamiento rural donde vivía un montón de niños y niñas huérfanos, situado en una de las zonas fronterizas de aquel Israel recién estrenado, que se había erigido encima de otro país, con la oposición de sus habitantes y de los países vecinos, que no tardaron en declararle la guerra.

Allí se casó con un hombre diez años mayor que ella. Un judío ruso que había llegado a Palestina cuando tenía quince años y sus padres decidieron hacer su *aliah*, todavía durante el mandato británico. Había alborotos y protestas en todo el país. Y en aquella época, los grupos terroristas judíos como el Irgún o la Haganah colocaban bombas en lugares públicos para forzar la creación del Estado de Israel. David Ben Gurion, a quien se conocería como el Padre de Israel, un sionista convencido, nacido en Polonia, que sería Primer Ministro de Israel, también había participado en aquellas acciones.

La abuela Ruth había tenido tres hijos, dos chicos y una niña, la pequeña Efrat, que sería la madre de Arik. Nunca se arrepintió de haber dejado la vida cómoda que habría podido llevar en los Estados Unidos siendo la hija de un médico prestigioso. Quería contribuir a crear aquel país nuevo, un país propio de donde no tuviera que huir. Siempre hizo con entusiasmo todo cuanto hiciera falta. Trabajó como campesina y como soldado, como cocinera y como maestra, fue madre e instructora. Creía firmemente en lo que hacía. Le parecía que la vida en el *kibbuz*, donde todo era de todos, donde el trabajo se distribuía según las capacidades de cada cual y las decisiones se tomaban de forma asamblearia, era la semilla de una nueva sociedad, más justa, donde todo el mundo podía sentirse como si formara parte de una gran familia bien avenida.

Mientras, al tío Ariel, cada vez que gestionaba la inmigración de alguna familia, se le rompía el corazón. Solo esperaba el día en que fuera él quien tomara un avión y aterrizara en el aeropuerto de Tel Aviv para quedarse en Palestina y ayudar a construir aquel Gran Israel con el que todos los sionistas soñaban. De momento, solo podía colaborar desde el exilio.

Y es que el tío Ariel se había hecho cargo de su madre y no la podía dejar sola. La madre del tío Ariel y de la abuela Ruth era muy mayor y no podía valerse por sí misma. Ya no tenía la cabeza muy clara y los médicos desaconsejaban cualquier cambio en sus rutinas, y más todavía, un traslado a Israel.

El tío Ariel había dedicado su vida a la creación del *Eretz Israel*. La enfermedad de su madre lo había retenido lejos de Palestina durante muchos años, pero en cuanto la anciana cerró los ojos para siempre, coincidiendo con el estallido de la Primera Intifada, la llamada Rebelión de las Piedras, hizo los preparativos necesarios para poder hacer realidad su sueño.

Israel necesitaba hombres valientes que defendieran el país, que consolidaran las conquistas de su ejército.

Para entonces, la abuela Ruth ya había muerto de cáncer en la ciudad de Jerusalén, a la que los palestinos árabes llaman Al Qods. Se había instalado con sus hijos en la ciudad al morir su marido en la guerra del *Yom Kipur*, cuando Egipto y Siria atacaron a los ejércitos de Israel, el día en que los judíos celebran la Fiesta del Perdón, para recuperar los territorios que les habían arrebatado durante la guerra de los Seis Días. Pero ni en las últimas fotografías, cuando ya la consumía la enfermedad, perdió aquel aspecto de mujer fuerte, alta y corpulenta, con la piel tersa y la boca risueña.

Efrat siempre había vivido en un país en guerra.

Israel, cuando no andaba enfrentado con Siria, lo estaba con Egipto o con el Líbano o con Jordania, o con todos a la vez. Y, por si fuera poco, sostenía también aquella guerra soterrada contra los palestinos, que habían tenido que huir, amenazados de muerte, para cederles la tierra a ellos, a los judíos que seguían llegando. Efrat, de pequeña, no lo entendía. Pero pensaba que la gente mayor como sus padres y sus abuelos y todos aquellos personajes importantes del gobierno, o incluso de un organismo tan importante como la Organización de las Naciones Unidas, no podían estar equivocados, y que debía haber alguna razón de peso que ella todavía no podía comprender, precisamente porque era pequeña, que justificara aquella situación. Sin embargo, cuando creció, seguía sin verlo claro.

Efrat había nacido en el *kibbuz*, pero cuando su padre murió, su madre decidió trasladarse a la capital, cerca de la familia de su marido. Por aquel entonces, Efrat estaba a punto de entrar en la universidad y enseguida se convirtió en una entusiasta urbanita. Le gustaba la vida en la ciudad y en la facultad empezó a interesarse en serio por la política, a raíz de conocer a Yitzhak, un estudiante de derecho, dos años mayor que ella.

Amaba Israel, porque había nacido y había crecido allí. Era su país. Pero a medida que buscaba respuestas a sus preguntas, era consciente de que su país se había creado sobre una gran injusticia y que la existencia del Estado de Israel se alimentaba de sangre inocente, del dolor, la expoliación y la humillación de todo un pueblo.

Y se sentía avergonzada.

Pero no sabía muy bien qué hacer. Seguía con interés las conversaciones de paz que de vez en cuando parecían querer dar una oportunidad a la convivencia pacífica entre ambos pueblos, aunque se desengañaba con rapidez. No parecía en absoluto que hubiera una verdadera voluntad de paz, de llegar a un entendimiento viable y justo, por parte de los dirigentes de unos y de otros. Y la guerra continuaba. Se hacía eterna.

Efrat se sentía sola. Su visión de las cosas era tan distinta de la de la mayoría de gente que conocía, que tenía la impresión de ser rara. No podía compartir de ninguna manera los planteamientos de los sionistas, o de personas de su entorno, amigos de la facultad o parientes de su padre, que defendían la postura oficial sin cuestionarse nada.

En cuanto terminó la carrera de magisterio, hizo el servicio militar obligatorio, como todos los ciudadanos y ciudadanas de Israel. Bueno, no todos. Los israelíes árabes, los habitantes autóctonos que no eran judíos pero se habían quedado en los territorios del nuevo Estado y habían adoptado la nacionalidad israelí, no tenían que hacerlo. De hecho, no podían hacerlo aunque quisieran. Y eso limitaba sus derechos, porque solo quien hubiera hecho el servicio militar podía acceder a becas, a ciertos estudios o a determinados puestos de trabajo.

Efrat no entendía aquella discriminación, hasta que comprendió que lo que querían los sionistas no era solo un país para los judíos, sino un país donde solo vivieran judíos.

Un gueto de élite.

Y también se dio cuenta de que aquello no se podía decir.

La conquista de Canaán

Unos 3.300 años atrás...

...el poder de los faraones de Egipto declinaba. Hacía ya un montón de generaciones que los descendientes de las doce tribus de Israel vivían allí, trabajando como mano de obra barata. Desde que los doce hijos de Jacob, que se hacía llamar Israel, se habían trasladado hasta aquellas tierras, llevando con ellos a su padre, deslumbrados por promesas de prosperidad.

Hartos de la mala vida que llevaban en Egipto como emigrantes, los israelitas vieron el cielo abierto cuando surgió de entre ellos un líder, Moisés, que les convenció para que huyeran. Su Dios, –les dijo-- mantenía la promesa hecha miles de años atrás a Abraham, y les daría una tierra nueva, al otro lado del desierto de la península del Sinaí, y un nuevo código de conducta y de organización social.

Cuarenta años tardaron las doce tribus en llegar a Canaán.

En aquellos tiempos, las tierras de Canaán estaban habitadas por otros pueblos, también de origen semita. En la zona norte de la costa vivían los cananeos, a los que otros pueblos llamaban fenicios. Al sur, los filisteos, a los que muchos conocían con el sobrenombre de Pueblos del Mar.

Los israelitas llegaron a la región dispuestos a conquistar aquellas tierras por la fuerza de las armas. Josué, su nuevo líder, era un gran guerrero y conquistó la antiquísima ciudad fortificada de Jericó y la zona montañosa del interior, derrotando a los cananeos.

Pero los ejércitos israelitas no pudieron llegar nunca hasta la costa, porque los filisteos tenían mejores armas y su ejército era mucho más poderoso. Con sus equipamientos de hierro y sus carros de combate, derrotaron sin mayor dificultad a los israelitas, armados con hondas con las que lanzaban piedras.

Sus adversarios se reían de ellos.

Años y más años duraron los enfrentamientos, pero los israelitas no se daban por vencidos. La desesperación llevó a uno de sus héroes, Sansón, el Forzudo, a perpetrar un atentado suicida en el interior del mismísmo templo de Dagón, Dios de los filisteos, mientras estos celebraban una de sus muchas victorias. El templo estaba repleto de gente y en lo alto de la terraza había unas tres mil personas. Sansón, el Forzudo, derribó las columnas centrales y todo el edificio se derrumbó. Con él murieron los soldados, los sacerdotes, las bailarinas y los hombres y mujeres que asistían a la ceremonia.

Más de doscientos años lucharon los israelitas para apoderarse de Canaán, pero aquel territorio de la costa, que ya entonces se conocía como la Franja de Gaza, donde vivían los filisteos –que en su lengua se llamaban *pelishtim,* de donde dicen que procede el nombre de Palestina– nunca pertenecería a Israel.

El abuelo Adnán

Historia de una huida

El abuelo Adnán nació el año 1924, en una aldea situada entre Ramla y la ciudad santa de Al Qods, que el mundo conocía como Jerusalén, cerca de Deir Yasin, un pueblecito que se haría tristemente famoso un cuarto de siglo más tarde por las matanzas que cometerían allí los grupos armados israelíes.

Procedía de una numerosa familia. Gente del campo. Poseían tierras y campos de olivos, la mayor riqueza de un palestino. Su padre ya había cultivado aquellas tierras, y el padre de su padre, durante todo el tiempo que aquellos territorios habían estado bajo el dominio del Imperio Otomano, e incluso antes. El abuelo Adnán había respetado mucho a sus padres, tal y como correspondía a la tradición de su pueblo, y de hecho a la tradición de todos los pueblos en los que la familia todavía era un elemento importante de la sociedad.

El padre del abuelo Adnán era un hombre muy trabajador, aferrado a la tierra, que era lo que más amaba de este mundo. Casi por encima de sus hijos y de sus hijas. En aquellos tiempos, la mayoría de la población de Palestina era árabe y musulmana. Pero también vivían allí desde siempre, familias y clanes palestinos que practicaban el judaísmo, una de las tres religiones más antiguas que creían en un solo Dios. Y familias palestinas que desde los inicios o a lo largo de los tiempos se habían convertido al cristianismo. El padre del abuelo Adnán tenía vecinos y amigos judíos y cristianos. La religión no era un obstáculo para la convivencia. Al fin y al cabo, las tres eran hijas del "Libro" y las tres amaban aquellas tierras, que los cristianos denominaban Tierra Santa, y tenían en ellas sus lugares sagrados y sus templos.

La madre del abuelo Adnán era una mujer fuerte y valiente. No se asustaba nunca ante la adversidad. Siendo como era una mujer del campo, estaba acostumbrada a bregar. Se ocupaba de los hijos y de los abuelos. Y de su marido. De tener la casa recogida y la despensa llena. Sabía ahorrar y hacer pastelillos y las vecinas le envidiaban la buena mano que tenía, porque todas se maravillaban de lo sabroso que era su pan. Y al mismo tiempo, era incansable cuando había que recoger las aceitunas o segar los campos. La madre del abuelo Adnán era la primera en levantarse y no se acostaba hasta que todos dormían. Era una mujer parlanchina y risueña. Se llevaba bien con todo el mundo y nunca hablaba mal de nadie. Si podía echar una mano, lo hacía. Si había que acompañar el duelo y velar un difunto, era una compañía afectuosa. Y también sabía compartir las alegrías. Las propias con generosidad de espíritu. Las de los demás con la autentica satisfacción de quien solo desea la felicidad de cuantos la rodean.

El abuelo Adnán era el sexto de ocho hermanos, cinco chicos y tres chicas, y de su infancia no recordaba nada en especial, ningún incidente sonado, porque allí, en casa, en el pueblo y en los campos, casi todo cuanto sucedía era irrelevante.

El tiempo, cuando el abuelo Adnán era un chiquillo, transcurría sin sobresaltos, pautado por las estaciones del año y acompasado por los vientos. Marcado por los acontecimientos propios de la vida: las fiestas, la alegría de una buena cosecha o las penurias de un mal año; el nacimiento de un bebé o la muerte de un viejo o de un enfermo sin remedio. Alguna vez, quizás, un accidente. Como el vecino que cayó muerto al recibir en la cabeza una coz de su asno que, se había asustado, el pobre animal, al ver una serpiente.

Todavía ahora, el abuelo Adnán, a pesar de tener ya ochenta años, recordaba con todo detalle la casa de sus padres. Y los campos. Y los olivos. Cerraba los ojos y podía describir cada rincón de aquellas tierras que habían pertenecido a su familia. Y todavía se le hacía la boca agua cuando pensaba en el primer aceite que corría por la ranura de piedra del molino, cuando después de la cosecha, los hombres se apresuraban a prensar las aceitunas, haciendo girar la muela. Grandes y pequeños se abalanzaban con deleite sobre los platos de arcilla llenos de aquel líquido espeso, de color verde oscuro, tan aromático y sabroso, para mojar pan.

Era una fiesta.

El proverbio que decía "Mientras tengamos olivos, nada debemos temer", era una gran verdad.

La primera conmoción seria que se produjo en su vida plácida, fue la muerte de su padre. Él todavía no era del todo un hombre, pero ya tenía esa edad en que de ninguna manera quería que lo trataran como a un niño. La muerte de su padre los afectó a todos, pero lo que más le costó al abuelo Adnán, aparte de acostumbrarse a su ausencia, fue aprender a obedecer a su hermano mayor, aceptar que se convirtiera en el cabeza de familia. Sobre todo porque su hermano, para imponerse, lo reñía a menudo y al abuelo Adnán no le gustaba que nadie le diera órdenes y menos todavía que le gritaran. Su madre tuvo que intervenir con frecuencia y actuar como mediadora entre los dos, y cuando, transcurrido un año, conmemoraron con oraciones la muerte del padre, ya hacía meses que los dos jóvenes no se peleaban y todo volvía a ir bien.

El abuelo Adnán se casó el año 1946, cuando tenía veintidós años, con una prima suya, como era costumbre entre su gente. La muchacha tenía diecisiete años, era avispada y trabajadora. Su madre lloró porque la echaría mucho de menos y ya no sabría cómo apañárselas sin que la hija la ayudara. Pero la fiesta fue preciosa y el abuelo Adnán y su mujer fueron felices.

Y más habrían podido serlo si no hubiera pasado lo que todavía tenía que suceder y que jamás habrían podido imaginar.

Vivieron un par de años como habían vivido siempre, ellos y sus antepasados, cultivando los campos, recogiendo las aceitunas al llegar el otoño, embelesados con el primer hijo que parió la muchacha, el mismo año en que Palestina dejó de ser un Protectorado Británico.

Habían tenido noticia del cambio. Tampoco vivían tan aislados del mundo. Y sabían que después de la Primera Guerra Mundial, el Imperio Otomano, del que Palestina había formado parte, se había desmoronado y los territorios se habían desmembrado. Otras regiones vecinas como Jordania, el Líbano, Egipto o Siria habían conseguido la independencia y se habían convertido en estados soberanos, pero los ingleses, confabulados con los franceses, se las habían ingeniado para apoderarse de Palestina.

Durante todos aquellos años en que habían mandado los ingleses, e incluso antes, no dejó de llegar un sinfín de inmigrantes, procedentes de todos los rincones del mundo, pero sobre todo de Europa. Todos, tanto si eran rusos, alemanes o americanos, vinieran de donde vinieran, eran judíos.

Y es que desde hacía algunos años, desde finales del siglo XIX, a toda aquella gente, que durante siglos y más siglos habían vivido en otros lugares de la tierra, les dio por instalarse en Palestina, porque tres mil años atrás, según decían sus textos sagrados, había existido allí, en aquellos territorios, el pequeño reino de Israel. Pero sobre todo porque su Dios, Yahvé, les había prometido que aquella tierra sería suya.

Antes de casarse, el abuelo Adnán había hecho obras para ampliar la casa solariega. Sus hermanos también se habían casado y todos tenían niños pequeños. Sabían, desde luego, que desde que tantos y tantos inmigrantes llegaban al país, compraban tierras y se instalaban en ellas, había altercados a menudo. Pero la vida seguía y no parecía que la sangre tuviera que llegar al río.

Cuando nació el hijo mayor del abuelo Adnán, no hacía mucho que había acabado la Segunda Guerra Mundial. El régimen nazi de Adolf Hitler había asesinado selectivamente a determinados sectores de la población: gitanos, homosexuales, gente de izquierdas, deficientes físicos o síquicos y judíos.

Millones de personas murieron en los campos de concentración nazis.

La mayoría eran judíos.

Entonces pasó lo que pasó, y todo el mundo en Palestina se quedó de piedra cuando la Asamblea General de las Naciones Unidas, decidió, el 29 de noviembre de 1947, dividir aquel territorio en dos.

La mayor parte sería para que se pudiera crear, de la nada, el Estado de Israel.

En la parte restante se establecería el Estado de Palestina.

La Ciudad Santa de Al Qods, que otros llaman Jerusalén, quedaría bajo control internacional.

No obligaron a Alemania, cuna del nazismo que tanto daño había hecho a los judíos europeos, a ceder alguna de sus regiones y desalojar a sus habitantes. Ni tampoco crearon un Estado para los armenios, a los que los turcos también habían querido exterminar en un gran holocausto. Ni para los kurdos amenazados también por el genocidio. Pero sí lo hicieron para los judíos sionistas.

Y para hacerlo les quitaron la tierra a los palestinos. Su tierra.

No hubo nada que hacer.

El abuelo Adnán, y la mayoría de los palestinos, quizás habrían estado dispuestos a compartir la tierra, a convivir en paz. Pero no de aquel modo. Porque en cuanto se proclamó el Estado de Israel, su gobierno quiso echar a los palestinos que vivían en los territorios que les habían sido regalados.

Querían un territorio sin gente, para poblarlo con la suya.

El pequeño reino de Israel

Unos 3.000 años atrás...

...las tribus de Israel seguían enzarzadas en guerras de conquista y escaramuzas con los pueblos de la zona. Fue entonces cuando se inició la monarquía. El primer rey que cohesionó a todos los grupos fue Saúl, de la tribu de Benjamín. Pero durante su reinado, los filisteos avanzaron por el territorio hasta Cisjordania.

El rey, a la cabeza de sus ejércitos, no conseguía salir del aprieto.

Un pastor de la tribu de Judá, David, que había sido vasallo del rey filisteo de Gat, acabaría haciéndose con la corona, después de que se desencadenara una guerra civil entre sus partidarios y los descendientes de Saúl. Sus numerosas victorias contra amonitas, filisteos, moabitas, arameos y edomitas consolidaron su poder. Pero su mayor gesta fue la conquista de la ciudad jebusita de Jerusalén, que convertiría en la capital del su reino.

Un pequeño reino independiente que tampoco habría de durar mucho.

Solo Salomón, el hijo sabio de David, dio al reino de Israel un período de esplendor que jamás volvería. Salomón estableció relaciones de paz, comerciales y diplomáticas con sus vecinos, fomentó el comercio y la cultura, las obras urbanísticas y la convivencia pacífica, pero en cuanto murió, sus hijos desmantelaron el reino y provocaron su partición.

El reino del norte conservaría el nombre de Israel.

El del sur se llamaría Judá.

Pero en menos de lo que dura la vida de un hombre, Egipto invadió Israel y el rey de Damasco se anexionó los territorios del norte, mientras las familias reales de Israel y de Judá se asesinaban entre sí hasta el exterminio para hacerse con el poder.

Apenas habían transcurrido cuatrocientos años cuando Israel ya había sido anexionado a Siria y Judá caía bajo el dominio del Imperio Babilónico. Jerusalén, fue destruida y su población deportada. Una práctica habitual en aquella época, con la que se evitaban nuevas rebeliones entre los vencidos.

De la mayoría de israelitas trasladados por fuerza a los territorios enemigos vecinos, nunca volvió a saberse nada. Se mezclaron con los habitantes de la zona y adoptaron sus costumbres y sus tradiciones. Solo los habitantes de Judá, enviados a Babilonia, consiguieron mantenerse unidos y conservar todo aquello que los identificaba como comunidad y como pueblo.

Fue entonces, durante aquel exilio en Babilonia, cuando los israelitas pusieron por escrito su versión de la historia, en la que Israel se definía como el pueblo elegido por Dios. Su Dios Yahvé.

Y en nombre de Dios y de su predilección por su pueblo, avalados por los privilegios divinos que se atribuyeron, los israelitas justificaron todo su pasado y justificarían también todo su futuro.

Arik

Todo pende de un hilo

Desde que era pequeño, Arik vivía con una congoja en las tripas.

No porque estuviera enfermo. No le dolía nada. Pero vivía alerta, con aquel nudo dentro, que no habría sabido definir, pero que muchos israelíes habrían reconocido de inmediato: la sensación de que todo pendía de un hilo. De que aquel territorio que querían llamar suyo, aquellas casas que habían escriturado como propias, aquella economía creciente, aquella ostentación de poder y de riqueza, no era más que un espejismo. En cuanto alargaran la mano se disolvería y desaparecería, porque los cimientos se tambaleaban.

Y es que desde que existía, el Estado de Israel estaba en guerra.

Arik sufría, pero como en sordina, sin aspavientos, de un modo que le permitía reírse, bromear, divertirse. Pero aquella especie de desazón estaba siempre presente. Como una música de fondo. Y era en la música donde Arik encontraba refugio. Abrazar su violonchelo le daba paz. Notar como las notas que arrancaba con el arco lo envolvían y como, por el contacto con la madera, sus vibraciones se contagiaban a su cuerpo, lo llevaba a un estado de serenidad que habría querido compartir con el mundo.

Alguna vez había hablado de sus quebraderos de cabeza con Uri, su mejor amigo, que se negaba a reconocer aquel miedo y se defendía fanfarroneando y convirtiéndolo en agresividad.

El blanco era fácil. Todo era culpa de los palestinos, de aquella gente que les hacía la vida imposible.

—Tus padres se equivocan —le decía Uri a menudo—. Son buena gente, pero viven engañados. Defienden a los árabes y no se dan cuenta de que si pudieran y nuestro gobierno y nuestros soldados no nos defendieran, esos salvajes nos cortarían el cuello. ¡Nos matarían a todos!

Un solo deseo obsesionaba a Arik.

Quería vivir tranquilo. Librarse de aquel desasosiego que le empañaba la vida.

Anhelaba que aquel lugar, aquel país, aquella ciudad en la que vivía fuera de verdad un hogar donde saberse seguro, donde sentirse bien. Donde ya no hiciera falta que a sus padres los señalaran con el dedo, ni darse de bruces en cada esquina con pelotones del ejército.

Jesús de Nazaret

Unos 2000 años atrás...

...hacía más de quinientos años que Ciro el Grande, la cabeza visible del Imperio Persa, había conquistado Babilonia y autorizado el regreso a Judea de la comunidad judía. En aquellos tiempos, Judea formaba parte de la satrapía persa que administraba las tierras de más allá del Éufrates. Las satrapías o distritos gozaban de libertad religiosa y de autonomía en la gestión. Fue entonces cuando se reconstruyeron las murallas de Jerusalén y los sabios redactaron la Tora, el código que, a partir de ese momento, habría de reglamentar la vida y las prácticas religiosas judaicas.

Alejandro, el macedonio, enfrentado a los persas, también conquistó la zona. Y después de él y de sus sucesores, llegaron los romanos, el nuevo gran imperio que estaba en plena expansión. Judea pasaba así a ser una de las muchas provincias romanas, gobernada por dirigentes locales, títeres de los conquistadores y encargados de sofocar las revueltas del pueblo contra los invasores.

Durante el reinado de Herodes nació un gran profeta entre los judíos. Se llamaba Jesús, y aunque había nacido en Belén, su familia era originaria de Nazaret, una ciudad del norte, de la región llamada Galilea. Hacía tiempo que los judíos esperaban la aparición de un líder, de un Mesías, que en su lengua significa el Ungido, que los liberara de la opresión de ser un pueblo sometido a un conquistador o a otro.

Pero Jesús anunciaba un gran reino espiritual. Un reino que otorgaba a todos los hombres y mujeres la titularidad de hijos de Dios y ponía fin a la exclusividad privilegiada de los judíos como Pueblo Elegido. Las autoridades locales no podían permitirlo y consiguieron que fuera ejecutado públicamente. Pero su mensaje igualitario, que devolvía la dignidad y los derechos incluso a los esclavos, se propagaría por todas partes.

La doctrina del Ungido, que en griego se dice *Khristos*, ganaba adeptos allí donde llegaba. Pronto, Jesús de Nazaret fue conocido como el Cristo, sus seguidores eran llamados cristianos y aquella nueva religión universal, cristianismo.

Mientras tanto, en la provincia romana de Judea, las revueltas contra la ocupación eran cada vez más frecuentes, a pesar de ser reprimidas brutalmente por las autoridades romanas, hasta que, unos cien años después del asesinato de Jesús, Roma destruyó Jerusalén.

Judea pasó a llamarse Palestina.

Y a partir de entonces, fueron las comunidades judías de la Diáspora, las que vivían en otros territorios de la zona oriental del Mediterráneo y del Imperio Romano, las que tomaron el relevo en cuanto se refiere a la conservación de las tradiciones y las prácticas religiosas del judaísmo. Eran comunidades que se habían ido afincando en todo el mundo conocido de entonces. Comunidades que habían emigrado, habían sido deportadas o se habían exiliado en diferentes momentos de la Historia, cuando Palestina había sido conquistada por otros imperios.

Djamila

Siempre la misma pesadilla

Desde que podía recordar, Djamila había vivido con aquella incertidumbre permanente que se parecía demasiado al miedo.

No saber nunca si aquella noche podrían dormir tranquilos.

Sin que los tanques israelíes los tuvieran en vela.

Sin que los soldados israelíes los obligaran a salir a la calle para registrar sus chabolas y llevarse aquello de valor que no pudieran destruir.

Sin que los acorralaran dentro de casa aterrorizados por la sinfonía patética de los disparos de sus ametralladoras aceleradas.

No saber nunca si habría toque de queda a la hora de ir a la escuela, ni cuando acabaría.

O si su madre podría volver del hospital donde trabajaba.

Si Saher, su hermano mayor, se metería en algún lío.

O si su tío Jalil sería detenido en algún *checkpoint*, a saber con qué motivo.

O si Nabil, su hermano pequeño, tardaba solo porque se había entretenido jugando en la calle o porque se había ido a lanzar piedras a los tanques.

Eran angustias cotidianas con las que Djamila había aprendido a convivir desde que podía recordar. Como tenía que vivir con la añoranza inmensa por la ausencia de su padre, que ya hacía años que había optado por trabajar en el extranjero para poder sacar adelante a la familia y a quien cada vez ponían más impedimentos cuando quería ir a verlos.

Djamila no se desesperaba. Aquella era su realidad.

El abuelo Adnán sí que a veces se derrumbaba por la nostalgia de su casa de piedra y sus olivares adonde ya nunca podría volver. Solo de vez en cuando, Djamila se escondía para llorar un poco, hasta que se avergonzaba de que su deseo más ferviente fuera una bobada tan frívola como poder ir sin más a la capital, a la Ciudad Santa de Al Qods, que los israelíes y los cristianos llaman Jerusalén, a pasear por las calles y mirar escaparates.

A divertirse como cualquier chica de su edad.

SEGUNDO MOVIMIENTO

La tragedia de Djamila

Djamila

Sumud, la virtud de resistir

Djamila escuchaba con atención todo lo que el abuelo les contaba. Ella no era muy parlanchina. Le costaba expresar sus pensamientos y sus emociones en voz alta. Pero vivía intensamente cada momento, tanto si era feliz, como si era doloroso. Aquello nadie podía quitárselo. Y cuando le parecía que toda aquella vida no le cabía dentro del cuerpo, cantaba.

El abuelo Adnán tuvo que huir de su casa y de su tierra, con su mujer y su hijo, su madre y sus hermanos cuando de repente un día, las milicias israelíes del Irgún y la Haganah, que todavía ni siquiera eran un ejército, llegaron al pueblo, a sangre y fuego. Las matanzas en Deir Yasin, su pueblo, y en otras poblaciones de los alrededores, pusieron fin a la vida tranquila de Palestina. Unos doscientos palestinos fueron asesinados aquella noche. Y el terror provocó la huida de miles más. Casi un millón de personas se quedaron sin casa y sin tierra, sin sus cosas y sus recuerdos, en el mismo momento que nació el Estado de Israel.

Los abuelos de Djamila se encontraban entre aquellos miles de refugiados que huían con espanto de la muerte y la destrucción. Lo hicieron a pie, con los niños en brazos y el pánico latiendo en la sangre, hasta llegar al campo de refugiados que la Cruz Roja Internacional levantó, aprisa y corriendo, al norte de Jerusalén. Desde entonces, habían ido de un lado para otro, tratando de sobrevivir, hasta que pudieron instalarse cerca de Ramala. Durante aquellos diez años que duró su vida de desplazados, tuvieron cuatro hijos más.

No pudieron sacarlos a todos adelante.

Su hijo mayor, el que todavía había nacido en tiempos de prosperidad y felicidad en Deir Yasín, y el tercero, una criaturita de ojos grandes y rizos negros, se les murieron mientras estaban en el campo de refugiados. Cuando ya estaban en Ramala, nació el último bebé que tendrían y también la única niña: Yassera.

Poco a poco, las tiendas de lona de la Cruz Roja se fueron convirtiendo en casas de piedra o de adobe, de ladrillos de barro secados al sol, y techos de uralita.

Durante los primeros años de su infancia, Yassera no fue consciente de los padecimientos de su familia. Su padre, y sobre todo su madre, que no tenía ninguna otra hija, la protegieron del horror, del hambre y la penuria, privándose de lo que hiciera falta para que ella fuera una niña feliz. Y lo que más presente tiene Yassera todavía, de aquella época, es lo querida que se sentía.

—Mi padre me llevaba a caballito, mi madre me contaba cuentos y mis hermanos mayores me trataban como a una princesa —le dice a veces a su hija.

Djamila reconoce esa misma sensación. Ella también atesora un montón de recuerdos como este del que le habla Yassera. Los abrazos de la abuela. Los dulces que le conseguía Saher cuando podía. Las canciones del abuelo. Las visitas de su padre.

Yassera también recuerda vagamente la muerte de sus hermanos. Quizás solo le parece que se acuerda, porque entonces ella era muy pequeña, y en realidad lo sabe porque se lo han contado. Y porque durante toda su vida, a través de sus padres, ha convivido con el recuerdo de aquellos dos niños.

Y eso también se lo cuenta a su hija Djamila, para que sepa que se puede sobrevivir al espanto.

—Sentí un momento de pánico cuando me quedé embarazada por primera vez. ¿Y si no conseguía arreglármelas? ¿Y si cuando llegara el momento del parto los soldados israelíes no me dejaban ir al hospital? ¿Y si la situación empeoraba y el bebé, como mis hermanos mayores, se me moría de hambre?

Pero su madre, que entonces todavía vivía, la tranquilizaba. Y su padre. Y Salim, su marido, que estaba entusiasmado al pensar que iba a ser padre.

—Y cuando nació Saher, todo fue bien —suspira siempre Yassera al llegar a este punto del relato. Y Djamila, que la escucha con mucha atención, también se siente aliviada, como si oyera aquella historia por primera vez.

Tres años después, cuando Salim ya estaba en el extranjero, trabajando para mantener a la familia, tuvieron a Djamila, que sería la niña de los ojos de Salim. Y cuando la niña tenía cuatro años, Yassera parió a Nabil, aquel muñeco de rizos negros y ojos brillantes, revoltoso y divertido, que llenó la casa de risas.

El abuelo Adnán contaba muchas historias a sus nietos, al pequeño Nabil y a los hijos del tío Jalil, sobre todo cuando el ejército israelí anunciaba un toque de queda y se veían forzados a quedarse encerrados en casa. Nunca se sabía cuánto tiempo duraría. Quizás unas horas. Quizás semanas enteras. Entonces nadie podía salir, ni para ir a por comida ni para ir a trabajar. Los niños y las niñas no podían ir a la escuela, ni los jóvenes a la universidad. Y los que tenían la letrina fuera ni siquiera podían salir a hacer sus necesidades y tenían que hacerlo todo en un cubo.

Hacía algún tiempo, Djamila había descubierto que su hermano pequeño lanzaba piedras a los tanques israelíes cada vez que hacían incursiones en el barrio y, muy alterada, se lo había contado a Yassera.

—¿Y qué quieres que haga, Djamila? —le había respondido Yassera impotente— ¡No puedo atarlo de pies y manos para impedírselo!

Yassera, como todo el mundo, sabía el riesgo que conllevaban aquellas acciones irrelevantes y ridículas de un puñado de críos lanzando piedras a los carros blindados. Porque los soldados israelíes se tomaban la revancha. Sin embargo, aquello era todo cuanto podía hacer la chiquillería para rebelarse contra la ocupación.

Además, con sus colegas, los otros pediatras del hospital, habían comprobado que los niños que, de alguna manera, hacían algo en respuesta a la situación en la que vivían, no tenían dificultades para dormir como les sucedía a muchos. Y tenían menos problemas psicológicos que aquellos que vivían abrumados por el miedo. Se sentían útiles. Más seguros. Mientras que los otros, los que solo sufrían la represión, no solo estaban enfermos de miedo y de resignación, sino que además se sentían culpables.

¡Culpables de lo que les pasaba!

Por eso, cuando Yassera supo que el pequeño Nabil, después de la escuela, a veces se iba con sus amigos a lanzar piedras a los tanques israelíes, no supo muy bien cómo reaccionar.

Desde luego, lo que el niño hacía era un disparate, pero tampoco había que exagerar.

Y el pequeño estaba contento.

No como su hijo mayor, Saher, que la tenía mucho más preocupada.

La última vez que Salim había podido ir a verlos, habían hablado mucho de su hijo mayor, y habían decidido proponerle a Saher que se marchara a estudiar fuera. Salim se ganaba bien la vida, y también existía la posibilidad de solicitar alguna beca. Así, al menos durante unos años, el chico estaría lejos de todo aquel espanto en que se habían convertido sus vidas desde que los sionistas se habían empeñado en quedárselo todo.

Quizás cuando volviera al país, las cosas habrían mejorado algo siquiera.

Ya nadie se atrevía a pensar que pronto se habría arreglado todo.

Solo esperaban que la ola de violencia disminuyera un poco, que se encontrara una nueva vía de diálogo.

Pero Saher no quiso ni oír hablar de ello. Se quedaría en Palestina.

—Además —había respondido con expresión abatida—, ¿de qué me servirá estudiar? ¿Para qué quiero hacer una carrera que no podré ejercer nunca en mi país?

No quería marcharse fuera, exiliarse como habían tenido que hacer su padre y muchos otros. Toda su vida había echado de menos a su padre. De eso, de esa ausencia, de todas aquellas separaciones familiares, también tenían la culpa los sionistas que les habían robado la tierra y los derechos.

Djamila se estremece cuando oye hablar a su hermano mayor. No por lo que dice, sino por el tono, tan amargo, tan lleno de resentimiento y de derrota.

Yassera sufre por sus hijos, pero como todas las mujeres de Palestina, debe hacer de tripas corazón. Solo de ver como padecen ellos, sobre todo Saher y Djamila que ya son bastante mayores como para darse cuenta de todo, se le encoge el corazón. Solo de pensar que a alguno de sus tres hijos pudiera pasarle algo, se le estremece el alma. Y se volvería loca si, Dios no lo quisiera, tuviera que ver como se le morían sin poder hacer nada por evitarlo.

No quiere ni pensarlo. Ni obsesionarse. Por eso procura sacudirse de encima estos pensamientos, como quien se sacude el pelo. Entonces le pide a Djamila que cante, que le cante con aquella voz tan preciosa que tiene, alguna de las canciones que le ha enseñado el abuelo Adnán.

Y Djamila canta.

Y su canto tiene la potestad de poner en fuga la pena y sus quebraderos de cabeza.

Nabil los hace reír. Porque es un golfillo y un zalamero.

Y el abuelo Adnán vierte todos sus conocimientos y todos sus recuerdos en los oídos atentos y el corazón bien dispuesto de aquel trapacero siempre risueño.

—Mucho será que cuando el chico sea mayor la situación no haya cambiado nada —sonríe el viejo cuando Djamila le pregunta de qué va a servirle al niño saber si en el patio de la casa solariega había un banco de piedra o dos—. La esperanza es la única cosa que los sionistas no pueden quitarnos, Djamila. Y el orgullo de pertenecer a un pueblo.

Y le habla a menudo de la paciencia, del *sumud*, la virtud de resistir.

Al niño le pone ejemplos de la vida rural, que Nabil no acaba de entender, porque no ha vivido nunca en el campo. A pesar de todo, el abuelo Adnán ve con satisfacción como su nieto pequeño conserva la libertad de espíritu. Y eso lo consuela.

Porque el abuelo Adnán no acaba de recuperarse de la muerte de su mujer, que ya no podrá volver jamás a casa, si es que algún día se produce el milagro de la paz. La pobre no había vivido más que desgracias y se había rendido poco después de que empezara la construcción del muro.

Así que, además de la tristeza y el sufrimiento que comparte con toda su gente por la pérdida del país y la incertidumbre del futuro, el anciano tiene una pena secreta, solo suya, que lo corroe por dentro y le nubla los ojos cuando la recuerda.

Y es que el abuelo Adnán había querido mucho a su mujer. La había querido cuando era una niña que jugaba a la sombra de las ramas mientras los mayores recogían las aceitunas. La había querido cuando se convirtió en la muchachita avispada con quien se casaría. Y cuando soportó sin quejarse el espanto de tener que huir de las carnicerías de los sionistas. Y cuando enterró a sus hijos sin abandonarse a la desesperación.

El abuelo Adnán tiene un puñal clavado en el corazón, porque habría querido que su mujer hubiera podido vivir una vida plácida, segura, feliz.

Y no había podido ser.

A estas alturas, el abuelo Adnán ya sabía que él tampoco regresaría jamás a casa. Era demasiado viejo. Y la situación era cada vez más desesperada. La violencia campaba por todas partes y cada día que pasaba, la posibilidad de convivir con los ocupantes se desvanecía y desvanecía.

Arik

Convivir con la violencia

—¿Por qué nos odian los palestinos, mamá? ¡No somos ocupantes! ¡Hemos nacido aquí! ¿Adónde quieren que vayamos cuando dicen que nos marchemos a nuestro país? —gritaba Arik fuera de sí cuando algún atentado o aquel modo de vivir, como en un cuartel, con soldados por todas partes, lo desesperaba.

—No nos odian, hijo mío, solo se defienden. De mala manera, pero se defienden —le decía Efrat compungida.

Efrat era consciente de que no se podía dar marcha atrás en la Historia. La existencia del Estado de Israel era un hecho irreversible. Pero sí tenía que ser posible detener aquella escalada brutal de la violencia que cada vez causaba más y más víctimas inocentes. Sobre todo entre los palestinos. Pero también entre la población civil israelí. En aquellos últimos cinco años habían muerto mil israelíes. La mitad eran soldados. Y tres mil palestinos.

Aquello era un disparate.

Era necesario retomar el diálogo, facilitar la existencia de dos estados igualitarios. La paz era posible y la convivencia también. Efrat estaba completamente convencida de ello. Pero la violencia provocaba una radicalización de las posturas que hacía cada vez más difícil la comunicación.

Arik la escuchaba.

Quería entender el posicionamiento de su madre. Desde que era pequeño tenía que oír cosas, no demasiado agradables, en la escuela, en la calle, en el Conservatorio. Que si su madre era una traidora. Que si su madre era una puta de los árabes. Arik quería comprender de dónde sacaba fuerzas Efrat para defender lo que casi nadie en Israel se atrevía a decir en voz alta.

Efrat quería vivir tranquila. Pero sabía que ni ella ni nadie podrían hacerlo mientras no se solucionara aquel conflicto terrible.

Tiempo atrás, alguna vez, cuando estaba muy cansada, había deseado tener la capacidad de ignorar la realidad, de cerrar los ojos como hacía la mayoría de la gente que conocía.

Pero desde el inicio de la Segunda Intifada y de la construcción escandalosa del muro que confinaba a la población palestina de los territorios ocupados, tampoco los que vivían de espaldas a la realidad podían estar tranquilos.

La resistencia palestina había optado también por la violencia indiscriminada y no se podía negar que ningún ciudadano israelí se sentía seguro en su engañosa burbuja de cristal. Los atentados contra la población civil, perpetrados por hombres y mujeres que se inmolaban en el interior de un autobús, en una cafetería o en medio de un mercado, sembraban el terror por todas partes y alejaban a ambos bandos de un posible entendimiento. Porque la solución, eso lo sabía todo el mundo, nunca llegaría de la mano de la violencia, de la fuerza o de las armas.

Arik se atormentaba.

¿Adónde podía marcharse él? ¿Por qué tendría que marcharse? ¿Por qué no podían vivir todos juntos en paz, incluso ser amigos? Pero cuando quería contarle a Uri, su mejor amigo, todo aquel lío que le rondaba por la cabeza y le revolvía las tripas, el otro se salía por la tangente.

Uri no quería oír hablar del tema.

—El gobierno hace bien. Tiene que protegernos del enemigo. Este territorio es nuestro —le contestaba para hacerlo callar.

Y Arik no insistía, aunque algo le decía que lo que Uri decía no era del todo cierto.

Yassera

Tener un hogar

Desde que el abuelo Adnán había llegado con su familia a los alrededores de Ramala donde ahora vivían, habían pasado ya muchos años.

Sus dos hijos mayores no habían podido ir a la universidad. Sí que habían aprendido un oficio, y para poder contribuir a la subsistencia de la familia, cuando Yassera estaba a punto de terminar la escuela primaria, se habían marchado a trabajar al extranjero. A Jordania, que acogía a los refugiados palestinos y hasta les daba un pasaporte.

De algún modo, con aquella emigración forzosa y permanente de mano de obra, de cerebros y de gente cualificada, ellos mismos contribuían sin quererlo, a cumplir uno de los objetivos de los distintos gobiernos que había tenido el Estado de Israel a lo largo de todo aquel tiempo: Que los palestinos se dispersaran por los países árabes del entorno y se fundieran con sus poblaciones. Así se acabaría consiguiendo también el propósito final de la estrategia israelí: Los palestinos desaparecerían como pueblo y perderían su propia identidad. Entonces dejarían de reclamar su territorio y abandonarían la idea de crear un Estado palestino.

El tío Jalil y Yassera, que en aquel entonces eran demasiado jóvenes para trabajar, se quedaron con sus padres, que se iban haciendo viejos, mientras entendían cada vez menos lo que pasaba. Todavía ahora, el abuelo Adnán no sabe muy bien cómo han sobrevivido a tanta necesidad y a tanta pena. Pero en aquella época todavía vivían con la firme esperanza de que todo aquel terrible y gran malentendido acabaría pronto y podrían volver a casa. Todavía no sabían que aquello solo era el principio, que vendrían más guerras y una represión cada vez más feroz.

Sin embargo, en aquellos momentos de inseguridad, cuando Yassera y Jalil eran tan jóvenes, los refugiados palestinos habían recibido ayudas. Tanto la una como el otro habían podido estudiar. Porque el abuelo Adnán era consciente de que, fuera como fuera, debían recibir una educación. Eso les permitiría defenderse y salir adelante, puesto que ya no poseían ningún patrimonio familiar, ni tierras, ni casa, ni olivos, ni nada que pudiera asegurar su supervivencia.

Así que Yassera, a pesar de la situación, había podido asistir a la escuela, allí mismo, en el campo de refugiados. Era una niña lista y le gustaba estudiar. Además, en casa no se cansaban de decirle lo importante que era aprender.

—Los pueblos que en circunstancias difíciles no velan porque las siguientes generaciones reciban formación, Yassera, —le decía siempre su padre— están abocados a la extinción, porque cualquiera podrá imponérseles y convertirlos en esclavos. Y esto, hija, es lo que pretenden los israelíes, destruir la sociedad y la cultura palestina. Borrarla del mapa.

Yassera y su hermano Jalil también habían podido ir a la universidad.

Mientras Yassera crecía, su padre le hablaba de la casa y de los campos que poseía en Deir Yasín.

Mientras la niña era demasiado pequeña para comprenderlo, su madre le explicaba que Palestina, su país, había sido dividido y que una parte del territorio ya no les pertenecía.

Mientras los años corrían, su padre le contaba a Yassera lo fértiles que eran sus tierras y lo sólida que era la casa de piedra donde habían vivido siempre sus antepasados.

Mientras Yassera amaba cada vez más y más Palestina, su madre le mostraba la llave grande de hierro que guardaba en el fondo de un baúl, envuelta en una tela llena de bordados y que abría la puerta de madera maciza de la casa solariega.

Solo cuando fue algo mayor, Yassera ató cabos y comprendió el porqué de todo aquello. Y se hizo mayor muy de prisa. Pero no se hundió. Ya desde muy joven se había dado cuenta de que las dificultades, cuanto mayores eran, más la espoleaban, en lugar de arrojarla a la desesperación, la resignación o la rendición.

Mucho tiempo atrás, cuando Djamila empezaba a hablar y a andar, habían vivido uno de los pocos momentos en que la paz y una cierta justicia parecieron de verdad al alcance de la mano.

Por primera vez era Primer Ministro del gobierno israelí un hombre nacido en el territorio, aunque hijo de inmigrantes. Isaac Rabin buscaba honestamente una oportunidad para la paz y, a pesar de las dificultades, consiguió firmar con Arafat, el líder palestino, una serie de pactos, los Acuerdos de Oslo, que dejaban una puerta abierta a la esperanza. Incluso fueron galardonados los dos con el Premio Nobel de la Paz por aquel esfuerzo. Pero aunque se habían producido algunos progresos, la cosa no fue bien. Dos años después, mientras pronunciaba un discurso a favor de la paz, Rabin fue asesinado a tiros por un estudiante israelí. Y todo se fue al garete.

Había habido después otros intentos para retomar el diálogo. Pero se quedaron en nada, porque para evitar que se crearan tensiones, no se pusieron sobre la mesa las cuestiones de verdad importantes, por espinosas que fueran. Y es que había temas que no eran negociables para ninguna de las partes implicadas y ni dirigentes ni mediadores tuvieron en las altas esferas el valor de afrontarlos. Ya hablarían de eso más adelante, se dijo.

Las conversaciones fueron un fracaso.

Durante aquella tregua, el abuelo Adnán, había aconsejado a Jalil que construyera una casita, para que sus hijos y los de Yassera pudieran tener un hogar.

Yassera estuvo de acuerdo. Las barracas que habían sustituido las tiendas de campaña de la Cruz Roja Internacional les daban cobijo, pero como la situación, que habían supuesto provisional, no cambiaba, valía la pena instalarse algo mejor. El dinero que mandaban sus hermanos mayores y el sueldo de Salim, que se ganaba bien la vida trabajando para la industria del petróleo, en los países del Golfo, se lo permitía.

El tío Jalil sabía, como todo el mundo, lo complicado que era construir. Primero había que comprar un terreno. En los territorios ocupados había que pedir un permiso de construcción a las autoridades israelíes, que desde luego no querían que los refugiados echaran raíces ni rehicieran sus vidas en ningún rincón de Palestina. El tío Jalil conocía a un hombre al que el ejército y las excavadoras de Israel habían derribado la casa ya tres veces, por supuestas razones burocráticas. Solicitar un permiso de construcción podía costar unos cinco mil dólares, sin que eso fuera ninguna garantía, porque al cabo de un año, el permiso podía ser denegado con cualquier excusa.

Tuvieron que ahorrar durante mucho tiempo.

Tuvieron que hacer un montón de gestiones.

Pero lo lograron.

Consiguieron vivir en una casa digna.

La abuela murió entre aquellas paredes. El abuelo Adnán era el patriarca. Los tres hijos de Yassera crecían compartiendo el espacio y sus vidas con los hijos de Jalil y de su mujer. Y cuando Salim iba a verlos, también encontraba allí el calor de la familia que tanto echaba de menos.

Había pasado un buen puñado de años desde entonces. Y de pronto, un día, les pasó a ellos lo que cada vez con más frecuencia y de un modo más arbitrario, les pasaba a miles de familias palestinas.

Una mañana, mientras los pequeños estaban en la escuela, Yassera en el hospital y Jalil en su trabajo, llegaron las excavadoras, escoltadas por el ejército de Israel.

El abuelo Adnán y la mujer del tío Jalil tuvieron el tiempo justo de salir a la calle. Cuando mayores y pequeños regresaron, a mediodía, su casa era un montón de escombros.

Y las casas de diez vecinos más.

El abuelo Adnán estaba sentado, sin decir nada, encima de un bloque de cemento, en medio de un amasijo de hierros retorcidos y la mujer del tío Jalil no podía dejar de llorar, abrazada a otras mujeres del vecindario.

El pequeño Nabil se quedó pálido. Djamila estuvo muchos días sin hablar. Saher maldijo y gritó hasta quedarse afónico. Los mayores trataron de recuperar de entre los restos del derribo lo que pudiera recuperarse.

Pero el tío Jalil no era de los que consentían que las cosas pasaran sin más ni más. Era de los que defendían sus derechos aunque supieran que no tenían ninguna posibilidad de ganar.

No quería dejarse pisotear. Ya hacía años, a medida que, el gobierno de Sharon endurecía cada vez más la represión en los territorios ocupados, durante aquella Segunda Intifada, se había dado cuenta de que Israel no tenía la menor intención de llegar a un entendimiento. Los sionistas no pararían hasta que los echaran, hasta que ocuparan todo el territorio de Palestina que llegaba al Jordán.

Y había decidido plantar cara.

Así que, a pesar de haberse quedado al raso, cada vez que los israelíes llegaban a algún lugar para derribar las casas de los palestinos —bien porque supuestamente las habían construido sin permiso o en terrenos que habían sido recalificados, bien como represalia por algún atentado de la resistencia palestina— por poco que pudiera, seguía uniéndose a las movilizaciones, como había hecho en los últimos años.

Se plantaban delante de las excavadoras. A veces se les unían grupos de israelíes que no estaban de acuerdo con aquellas medidas y grupos de extranjeros que viajaban a Palestina solo con aquel objetivo.

Y ayudaba a la gente a reconstruir su hogar, como ahora alguien tendría que ayudarles a ellos a volver a levantar el suyo.

Arik

Para no ser cómplice

—¿Por qué te metes en líos, papá? ¿Por qué tienes que hacer todas estas cosas que nadie hace y que solo nos traen quebraderos de cabeza? —decía Arik cuando veía a Yitzhak prepararse para ir a alguna manifestación contra los abusos de su gobierno o a trabajar en la reconstrucción de alguna de las numerosas casas de familias palestinas que el ejército derribaba.

—Porque no quiero hacerme cómplice de la injusticia, hijo mío —respondía su padre con un suspiro.

Yitzhak formaba parte de un grupo de ciudadanos israelíes que cada vez que las autoridades de su país se disponían a dejar sin techo a una familia o a derribar barrios enteros de las poblaciones palestinas, trataba de impedirlo. La verdad era que pocas veces lo conseguían, pero al menos se lo ponían difícil. Lo que sí podían hacer era ayudar a la gente a reconstruir sus casas. Su organización se ocupaba de conseguir dinero y materiales de construcción. Y también aportaba brigadas de trabajadores, de hombres y mujeres que colaboraban en las obras.

Arik no podía entenderlo. No le parecía sensato. Al fin y al cabo, las excavadoras siempre volvían y todo aquel esfuerzo, y tanto trabajo, no servían para nada.

Ni tampoco el riesgo que corría su padre.

Yitzhak, como miembro del Comité contra la Demolición, había sido detenido en más de una ocasión. En la cárcel había conocido el maltrato y los castigos que recibían los ciudadanos israelíes cuando se oponían a los actos de violencia indiscriminada, que se habían convertido ya en habituales. Ni siquiera con Efrat hablaba de las humillaciones y vejaciones que había sufrido durante aquellas detenciones. Si aquel era el trato que su gobierno daba a su propia gente, ¡qué no debía hacer con los hombres y mujeres palestinos! Pero lejos de echarse atrás o dejarse amilanar, salía más reforzado en sus convicciones.

Yitzhak era un palestino judío de toda la vida. Sus padres habían nacido y vivido siempre en Palestina. Y todos sus antepasados, hasta donde podía recordar. La familia de Yitzhak pertenecía a la minoría judía que antes de la creación del Estado de Israel, había convivido en paz con los palestinos musulmanes y cristianos a lo largo de la Historia y de los imperios.

Era consciente de que no podía arreglar el mundo. Ni siquiera su pequeño país. Pero era de los que creían que cualquiera debía asumir la responsabilidad de mejorar, aunque solo fuera un poco, su propio entorno. Era realista y sabía que era muy poco lo que estaba al alcance de la gente corriente como él, que no poseía ninguna gran fortuna, ni ocupaba un lugar destacado en la sociedad ni en las esferas donde se tomaban las decisiones importantes. Pero creía firmemente en el ser humano y que no era correcto quedarse de brazos cruzados ante las injusticias. Por eso, desde muy joven, militaba en grupos de defensa de los derechos humanos en Israel, junto con otra gente de su país que creía en la convivencia pacífica, el diálogo y el respeto.

Arik se angustiaba. Para olvidarse de todo aquello que lo inquietaba, se ponía a tocar. La dificultad creciente de los ejercicios y las piezas que su profesor del Conservatorio le hacía estudiar con una precisión casi imposible, requerían toda su atención. De entrada, cuando se ponía a estudiar, le costaba fijar sus pensamientos en lo que hacía, pero al cabo de un rato toda su concentración y todos sus sentidos se centraban en la partitura.

Admiraba a su padre porque era capaz de vivir de acuerdo con lo que creía, fuera cual fuera el peligro que eso supusiera. Pero su mejor amigo, Uri, le calentaba la cabeza.

—Si lo que hace tu padre estuviera bien, ¿por qué habrían de detenerlo? ¡Vivimos en una democracia! ¡No se mete a la gente en la cárcel porque sí! Si el gobierno derriba las casas de los árabes, por algo será. Puede que sean construcciones ilegales. Puede que levanten sus casas en terrenos no edificables. ¡Nosotros qué sabemos!

Pero Arik, aunque no se atrevía a expresarlo en voz alta delante de su amigo, se angustiaba, porque no podía quitarse de la cabeza otra explicación, tanto o más creíble: Quizás fuera cierto que el gobierno israelí quería obligar a marcharse de toda Palestina a todos los que no fueran judíos.

Salim

El duelo por la vida y la dignidad perdidas

El padre de Djamila, Salim, cuando estaba en casa, se daba cuenta de cómo se desmoronaba Palestina.

Antes de la creación del Estado de Israel, el país progresaba. Era un país que vivía de la tierra, de los olivos y de los campos de trigo, de los frutales y de los huertos de legumbres. Había también un buen número de talleres familiares que alimentaban una industria incipiente. Y el turismo también era una fuente de riqueza. Los peregrinos de las tres grandes religiones viajaban hasta Palestina para visitar sus lugares sagrados: los judíos, el Muro de las Lamentaciones, los musulmanes, la Explanada de las Mezquitas y los cristianos, los escenarios de la vida de Jesús de Nazaret. Los puertos de Jafa y de Haifa eran puertos importantes, donde las mercancías iban de un lado para otro. En las ciudades, toda clase de escuelas confesionales habían contribuido a que la población tuviera un buen nivel de formación.

Todo eso había terminado.

Salim se apasionaba hablando con el abuelo Adnán y con su cuñado, el tío Jalil, de la situación del país.

—Ahora, por no tener —se exaltaba el padre de Djamila— ¡los palestinos no tenemos ni acceso ni derecho al agua necesaria para regar los campos!

Las semanas que Salim pasaba en casa, mientras Yassera estaba en el hospital, esperaba a que Djamila volviera de clase e iba con ella a hacer la compra.

—¿Cómo te las arreglas para sacar adelante tu negocio? —le preguntaba al dueño del establecimiento de comestibles, cuando veía que muchos clientes no pagaban y dejaban a deber lo que se llevaban.

—¡Es un auténtico lío, Salim! Estamos todos endeudados —le contestaba el comerciante entre divertido y preocupado—. Yo les fío a los clientes, los proveedores me fían a mí y los proveedores piden créditos al banco que no pueden devolver. ¡Palestina hace aguas por todas partes!

Todo era un desastre.

Y eso pasaba en lugares donde supuestamente, a la gente no le iba mal del todo, porque en los campos de refugiados la situación se complicaba. Los refugiados y los desplazados, dependían de la ayuda humanitaria, pero Israel no permitía que fueran atendidos.

Salim, a medida que pasaban los años y veía crecer a sus hijos en aquellas condiciones lamentables, forzadas por la ocupación israelí, sufría. Percibía la tristeza en sus ojos aunque se rieran y para ellos fuera una fiesta que su padre estuviera unos días en casa. Percibía el cansancio en sus ademanes, causado por tanto esfuerzo por no rendirse, por no abandonarse a la desesperación. Le preocupaba sobre todo Saher, que pronto cumpliría dieciocho años y no tenía ninguna perspectiva de futuro. Y Salim no tenía valor para hablar de futuro con sus hijos. Djamila todavía soñaba. Quería estudiar música. Pero el chico estaba amargado. Y Salim sufría, porque el dolor concentrado en un corazón joven, se puede transformar con rapidez en odio.

Saher había nacido un año antes de la Primera Intifada, la llamada Rebelión de las Piedras, aunque Intifada, más que rebelión significaba alzar la cabeza, quitarse de encima un peso agobiante. Había sido una rebelión que podría calificarse de pacífica y que, aunque había durado seis años, había conservado su carácter popular. Durante los años en que parecía que realmente podría llegarse a un acuerdo, los años en que Rabin y Arafat querían conquistar juntos la paz, el chico era pequeño. Cuando todo se fue al garete, estaba en plena adolescencia.

A estas alturas, Saher ya había acabado la escuela. De hecho, tendría que haber estado en la universidad. Pero no había querido matricularse. Sabía que había dado un disgusto a la familia. A su madre sobre todo. Y al abuelo Adnán, que estaba obsesionado con que todo el mundo tenía que estudiar, aprender una profesión, sacarse un título para cuando llegara el día en que los palestinos regresaran a sus tierras y pudieran construir su país en libertad.

Pero a Saher, todo aquello le parecía, no ya un sueño, sino un absoluto delirio.

¿De qué le había servido a su tío Jalil ser ingeniero? ¿De qué les había servido a tantos hombres y mujeres palestinos tener estudios o a algunos incluso haber hecho carreras en el extranjero? ¿De qué servía saber idiomas y ser brillantes en las letras o en las ciencias si en Palestina no tenían ninguna posibilidad, no ya de aplicar sus conocimientos o de prosperar, sino de sobrevivir? ¿Cuántos licenciados palestinos tenían que conformarse con trabajar como obreros sin ninguna calificación?

No quería estudiar y añadir así una nueva frustración a su vida.

Ni quería arriesgarse a morir por el hecho de ir a la universidad, expuesto a una detención, a los toques de queda, a los disparos indiscriminados de los soldados o de los colonos israelíes. Israel no quería que las nuevas generaciones de la población palestina, que se había distinguido en la zona por el elevado porcentaje de gente titulada, recibieran formación.

Y él no quería tener que marcharse de Palestina, como su padre, Salim, que casi nunca estaba con ellos.

Ya se habían quedado sin casa. Ahora vivían entre los escombros, bajo una lona. Los vecinos y las asociaciones de derechos humanos les habían facilitado lo indispensable para que pudieran apañarse durante aquellos primeros días de desconcierto.

—¡Papá, papá, nos han derribado la casa! —había gritado el pequeño Nabil al ver aparecer a Salim por un extremo de la calle.

Salim había pedido permiso en su trabajo en cuanto supo que su familia se había quedado sin hogar, que una vez más, lo habían perdido todo. Pero no podría quedarse muchos días.

Nabil había corrido hacia él mientras gritaba:

—¡Papá, papá, nos han derribado la casa!

El niño se le había echado al cuello y Salim lo levantó en volandas. El pequeño se abrazó a él con brazos y piernas. Salim escondió la cara en el cuello del niño para esconder sus lágrimas. No era solo por la casa. Siempre le costaba acostumbrarse a tanta represión.

No soportaba los registros y los interrogatorios a los que era sometido por la policía israelí cuando llegaba de fuera.

No soportaba que los soldados israelíes lo detuvieran en los *checkpoints* que había por todas partes, donde los palestinos eran obligados a esperar hasta que a los soldados israelíes les diera la gana abrir la barrera y dejarlos pasar.

No soportaba que durante los interrogatorios le hicieran repetir una y otra vez quién era su familia, dónde trabajaba y qué hacía, y un montón de cosas que no conducían a nada y que no eran asunto de nadie y menos todavía de los soldados israelíes de los controles.

Palestina era en verdad un país ocupado por unas fuerzas extranjeras que trataban a la población autóctona con un desprecio espeluznante. Cuando la familia y los amigos le contaban detalles de su vida cotidiana, tenía ganas de golpear la pared con la cabeza, para desahogar así su rabia y su impotencia.

Pero la mayoría de las veces se habría echado a llorar.

Porque entendía la vergüenza de un padre que recibía una paliza delante de sus hijos. La vergüenza de un padre que no puede proteger a su familia del hambre y la humillación. La vergüenza de un padre que no puede impedir que las excavadoras destruyan su hogar.

Yassera, a veces, también pensaba que ya no podía más.

La paz parecía un espejismo, algo inexistente, el delirio de una mente trastocada. La realidad de su vida no dejaba entrever la paz por ningún lado. En el hospital donde trabajaba como pediatra, constataba con horror cómo una tercera parte de los niños y niñas palestinos padecía una desnutrición crónica, en muchos casos grave.

Israel quería vencerlos por el hambre, por el dolor de ver morir de inanición el futuro de su pueblo. Israel los forzaba a depender de la ayuda internacional, pero antes de que fueran repartidas entre los más necesitados, destruía las toneladas de alimentos que llegaban como ayuda humanitaria.

El hambre nacía de la represión.

El gobierno de Israel se servía del hambre como arma de guerra.

Cultivar los campos se había convertido en un sueño imposible. Les confiscaban las tierras, destruían sus cosechas, arrancaban de cuajo sus olivos y sus árboles frutales, les impedían transportar las mercancías que se pudrían en los camiones.

—Es terrible, Salim, porque los niños y niñas que no comen, ni suficiente ni bien, no pueden aprender nada, pierden la capacidad de concentración y sus cerebros se duermen.

Yassera y Salim aprovechaban aquellas breves visitas para ponerse al día, para contárselo todo, para consolarse el uno a la otra y darse fuerzas y ánimos para seguir adelante.

Aquel día, se reían de un chiste que había contado un vecino cuando oyeron disparos y el ruido de los tanques, unas calles más allá.

—¿Dónde están los niños? —se alertó Yassera, mirando a su alrededor—. ¡No sabes cómo es esto, Salim, de vivir siempre con el corazón en un puño!

Entonces los vio.

Djamila corría delante.

—¡Solo tiraba piedras! ¡Solo tiraba piedras! —gritaba Djamila, ronca de sollozos.

Saher arrastraba los pies, pesados, la cabeza echada hacia atrás, la boca abierta en un grito sin sonido. Estrechaba contra el pecho, cargándolo con los dos brazos, el cuerpecillo, hecho un pelele, del pequeño Nabil.

Yassera rogó a Dios morir antes de tener la certeza de que su niño estaba muerto.

Pero Dios no quiso escucharla.

ARIK

En nombre de la patria

—Uri, ¿tú crees que tiene sentido perder tres años de nuestras vidas haciendo el servicio militar? —preguntaba Arik a su mejor amigo, a medida que se acercaba el final de curso.

—Tenemos que defender nuestro país, ¿no? ¡Estamos rodeados de enemigos! —decía Uri, que cuando los profesores les organizaban salidas y los llevaban a ver instalaciones militares, aviones de guerra, tanques y arsenales, volvía entusiasmado.

Arik se daba cuenta de que pronto tendría que tomar decisiones importantes. Que se hacía mayor. Que ya no podría tener a sus padres como un parapeto defensor o un pararrayos protector. Pronto cumpliría dieciocho años y tendría que hacer el servicio militar. Era obligatorio. Lo mandarían a los territorios ocupados. O a los controles. A los *checkpoints* en las carreteras y los accesos a las ciudades.

No se veía en ese papel.

No se veía vestido de soldado.

No se veía cargando con un arma.

Y menos todavía, disparando.

Su padre, Yitzhak, como todos los israelíes judíos, había hecho el servicio militar. Le había tocado luchar en la guerra del *Yom Kipur*, en la que había muerto su suegro. También había participado en la guerra del Líbano cuando, un año y medio después de aquel ataque, Israel inicio la ofensiva para echar a todos los palestinos que se habían refugiado allí.

No se sentía orgulloso de lo que había hecho.

Pero Yitzhak no se sentía capaz de aconsejar a su hijo.

Arik ya sabía que ser soldado presuponía estar preparado para matar. Y estar dispuesto a hacerlo. Y nada más. A eso quedaba reducido todo. Tanto daba si había que defender el país de una invasión o si era el gobierno de su país el que decidía invadir un país vecino.

O matabas o te mataban.

¿Era lícito poner fin a una vida, siquiera aunque fuera para salvar la propia? Había quien decía que no. Yitzhak no lo sabía. Y temía el día que, con toda seguridad no tardaría en llegar, en que Arik tendría que planteárselo. Porque no sabría qué decirle. Porque tendría que dejar que su hijo encontrara solo las respuestas.

—¿Tres años de nuestras vidas, Uri?

—¿Qué son tres años para proteger a nuestra gente y a nuestra tierra? —respondía Uri. Y luego siempre le hacía la misma broma—: Si fueras una chica, solo serían veinte meses.

Y si fuera un estudiante *yeshivá*, un ultraortodoxo de los que andaban con los rizos colgando por encima de las orejas, vestido con el gorro y el traje negros, tampoco tendría que hacer el servicio militar. Pero era un chico corriente y su religiosidad no era nada del otro mundo, se decía Arik con una chispa de ironía. Sin embargo, no dejaba de dar vueltas al asunto.

Intuía que no lo preocupaban los tres años. Que por debajo de aquel desasosiego que podía parecer superficial, flotaban, atrapadas todavía en una especie de masa, densa y oscura, otras cuestiones, serias de verdad, que pronto saldrían a flote.

Saher

El deseo de venganza

El abuelo Adnán tuvo que volver a hacer de tripas corazón.

Cuando lo abrumaba la tristeza pedía a Djamila que cantara. Y Djamila cantaba canciones de la tierra y de los olivos, de la cosecha y de los vientos, con aquella voz que hasta los vecinos decían que era un don de Dios.

Pero en días tan negros como aquel en el que enterraron al pequeño Nabil, el anciano no podía reprimir el deseo de haber muerto cuando los sionistas asesinaron a la gente de su pueblo. A veces, cuando pensaba en todo el sufrimiento que habría podido ahorrarse, le daba rabia haber sobrevivido a las matanzas. Porque el abuelo Adnán ya había dejado de confiar en la justicia de los hombres.

Saher, después de aquellos largos cinco años que ya duraba la Segunda Intifada, la Intifada que llamaban de Al-Aksa, de la Mezquita, tampoco creía en la paz ni en el futuro.

Demasiados horrores, demasiada sangre, demasiadas humillaciones.

El joven era consciente de que su líder, Arafat, a quien todos llamaban afectuosamente el Viejo, había perdido credibilidad y también autoridad. Era una figura legendaria, pero no los sacaría de aquel enredo sangriento. Los de Hamas y de otros grupos armados, que eran los responsables de los atentados suicidas y de los asesinatos de soldados, de colonos y de civiles israelíes, ya no le hacían ningún caso. Las autoridades israelíes, a pesar de que no tenían la menor intención de negociar, tampoco lo consideraban un interlocutor válido.

Aquello era una guerra.

Y ellos, los palestinos, no tenían ningún ejército. Y apenas armas. Los misiles *kasam* que disparaban los de Hamas contra Israel desde la Franja de Gaza eran de fabricación casera. Los hacían en talleres de reparación de coches. Nada que ver con los misiles que disparaban los helicópteros israelíes o los pequeños aviones sin motor, los *zanana*, que en un momento dado se convertían también en misiles mortales.

Saher conocía la brutalidad de Israel mucho antes de la reciente operación de castigo, llamada Operación Días de Penitencia, contra el campo de refugiados de Yabalia, desde donde los de Hamas disparaban aquellos misiles suyos artesanales.

No decía nada cuando su madre, el tío Jalil o el abuelo Adnán, criticaban a los de Hamas porque con sus acciones solo provocaban represalias feroces contra la población civil palestina. El asesinato de dos niñas israelíes, víctimas de uno de aquello misiles, había supuesto la muerte de noventa civiles palestinos y más de trescientos heridos, además del derribo de ciento cincuenta casas, en solo una semana.

Pero Saher admiraba a aquellos hombres que a pesar de todo luchaban contra el enemigo, contra el ocupante de su país, contra el asesino de su gente. Y no quería pensar que las consecuencias de aquellas acciones eran todavía peores. Para ellos. Para los palestinos.

Y había pensado más de una vez en unirse a alguno de aquellos grupos armados que defendían Palestina de la ocupación israelí.

Hacía casi un siglo que el Primer Congreso Nacional Palestino, celebrado en Jerusalén el 27 de enero de 1919, había reclamado la independencia y rechazado la creación de un estado judío en sus territorios.

Los líderes religiosos y políticos palestinos se habían organizado y creado distintos partidos. Algunos de ellos, ya que Palestina no tenía ningún ejército, también tenían sus propios grupos armados, como Al Fatah, que quiere decir "la Victoria", el Frente Popular para la Liberación de Palestina, el Movimiento de Resistencia Islámica Hamas, o la Yihad Islámica. Con el tiempo, algunos habían renunciado a las armas y apostaban por la negociación. Otros no. Y desde que Naciones Unidas habían reconocido la legitimidad del Estado Nacional Palestino, su gobierno había condenado el terrorismo y la lucha armada, y se inclinaba por el diálogo, a menudo imposible, a medida que aumentaba la violencia, tanto de los ocupantes, como de la resistencia.

Pero Saher había llegado a la conclusión de que no luchar contra tanta y tanta injusticia era una muestra imperdonable de cobardía. Le había tocado vivir de lleno aquella Segunda Intifada, que se perpetuaba desde septiembre del año 2000, a raíz de la visita de Sharon a la Explanada de las Mezquitas. Las protestas habían sido sofocadas por el ejército israelí, provocando cuatrocientos muertos y desde entonces la violencia se había apoderado de todo.

El muchacho solo veía la desesperación que crecía entre la población. La represión. La falta de futuro. El fracaso de tantas conversaciones de paz que les habían hecho pensar que todo se arreglaría, generaba un sentimiento extraño, empapado de un deseo de justicia que a menudo se confundía con el de venganza.

Y los grupos radicales ganaban, cada día que pasaba, más y más adeptos.

En cambio, Yassera estaba convencida –y trataba de contagiar aquella misma certeza a sus hijos– de que la violencia solo engendraba más violencia.

A Saher lo maravillaba que su madre siguiera hablando de paz y de negociaciones después de la muerte del pequeño Nabil.

Ya hacía tiempo que Saher quería convertirse en un soldado de Palestina. Luchar con armas de verdad, atacar, ganar, reconquistar su país. Pero era muy complicado llegar a formar parte de algún grupo armado. Era más difícil de lo que podía parecer.

Hacía tiempo que daba vueltas sobre lo mismo y que hablaba de ello con sus amigos del vecindario cuando charlaban en la calle y sobre todo cuando tenían que ponerse a cubierto durante las incursiones de los tanques.

Pero decidió morir cuando tuvo que llevar el cuerpecillo de Nabil en brazos y entregárselo a su madre.

Saher había visto caer al niño de repente.

Lo vio rebotar y revolverse a cada impacto.

Lo vio desangrarse en el suelo, donde la sangre se mezclaba con el polvo, mientras su cuerpo se sacudía de un modo cada vez más débil.

Sin poder hacer nada.

¡Nabil solo había lanzado piedras a los tanques!

Había ido a recogerlo a la escuela porque su madre quería que comieran temprano. Ella y su padre, Salim, que todavía no había vuelto a marcharse, tenían que ir a una reunión para hablar de la reconstrucción de las casas. A medio camino se habían encontrado con Djamila que también iba hacia casa. Habían querido tomar un atajo y se habían encontrado de frente con los tanques.

Nabil se había agachado a coger una piedra y había salido corriendo.

Saher lo había llamado.

Djamila había chasqueado la lengua, molesta, y había golpeado el suelo con el pie, contrariada. Llegarían tarde.

Nabil se había vuelto hacia ellos y con una sonrisa pícara les había dicho que solo tiraría una piedra.

Cuando levantaba el bracito, un soldado lo cosió a tiros.

Saher, después de los cuarenta días de duelo por la muerte de su hermano, estaba decidido. Se inmolaría en algún lugar lleno de gente, en alguna de las poblaciones de lujo de Israel. Los israelíes debían saber el dolor que su gobierno y sus soldados infligían a la población indefensa y marginada, maltratada y expoliada de Palestina. No podía ser que todo aquello quedara impune. La Organización de las Naciones Unidas no era capaz de parar los pies a aquellos criminales. Los países árabes tampoco hacían nada. Estaban solos, mientras que Israel gozaba del apoyo de los Estados Unidos y de una inmunidad absoluta.

Saher pudo comprobar entonces lo largo que era el proceso que habría de culminar con su propia muerte.

Requería mucho tiempo. Había que establecer contacto con ciertos grupos, muy cerrados. Había que conseguir ser aceptado. Después había que determinar el lugar y organizar el modo de llegar hasta allí.

Y no echarse atrás.

No quería pensar en Yassera, que nunca volvería a ser la misma después de la muerte del pequeño. Ni en su padre que había tenido que volver a marcharse para no perder su trabajo. Ni en su hermana Djamila que lo miraba con aquellos ojos tan grandes, tan tristes y llenos de miedo que tenía desde que Nabil dormía para siempre bajo tierra.

Tenía que hacerlo. No tenía otra opción. Y tenía que elegir bien con quién hablaba y a quién se dirigía, porque también había grupos, muy activos, que se oponían a las inmolaciones y a toda clase de atentados y defendían, a pesar de todo, la vía de la negociación.

Arik

Abriendo los ojos

—¿Cómo es posible que esto sea verdad? ¿Cómo es posible que esto se esté haciendo? —salió gritando Arik del lugar donde él y Raquel habían visto aquella exposición fotográfica.

—Arik, ¿qué te pasa? ¡Por favor, tranquilízate! —Raquel, estaba asustada, no entendía qué le sucedía a su amigo—. ¡Solo son palestinos!

—¿Qué has dicho? —se detuvo Arik de golpe.

Raquel lo miraba con cara de desconcierto. Era una compañera suya del Conservatorio, violinista, rubia, muy bonita, que a Arik le gustaba mucho.

Le había gustado mucho hasta ese momento.

Si las fotografías que habían visto lo habían horrorizado, la actitud de Raquel, aquel comentario de Raquel, le causaba pavor. "¡Solo son palestinos!" ¡Qué más daba que fueran lo que fueran! La brutalidad del ejército de Israel y de la Policía Militar contra aquellos civiles era inadmisible.

¿Aquella gente era el enemigo contra el que luchaba el todopoderoso Estado de Israel? ¿Se luchaba de ese modo contra un enemigo? Quizás él tenía una idea romántica, de película, de las guerras, pero aquello le parecía más que excesivo.

Lo que más lo había alterado, sin embargo, había sido la fotografía de una pintada, escrita en inglés: "¡Los árabes a las cámaras de gas!"

¡Y aquello lo había escrito un judío!

Durante los días siguientes, Arik se pasó muchas horas colgado de internet.

La misma gente que había organizado la exposición, "Rompiendo el Silencio", recogía testimonios de soldados y cargos militares que reconocían los abusos que habían cometido personalmente.

Poco después, un periódico israelí publicaba un reportaje sobre lo mismo.

Otra organización denunciaba el hecho de que en un control, habían obligado a un violinista palestino a tocar para los soldados, mientras lo retenían.

Arik se enteró de la cantidad de libros en árabe y de autores árabes que los soldados habían quemado.

Y cuando supo que en una de sus numerosas incursiones las tropas israelís habían destruido todos los instrumentos de una escuela de música, se echó a llorar.

—¿Por qué nadie lo cuenta? ¿Por qué no se habla de esto? ¿Por qué la mayoría de los hombres y las mujeres de Israel no lo saben? —preguntaba Arik angustiado a su madre.

—Hay muchas cosas en Israel que no se puede decir en voz alta, hijo, porque nadie quiere saberlo, porque no les conviene que se sepa —le respondió Efrat con la voz triste–. Te estás haciendo mayor, Arik. Y hacerse mayor, a veces duele.

Y Efrat abrazó a su hijo y lo dejó llorar cuanto quiso.

TERCER MOVIMIENTO

La tragedia de Arik

El imperio de Bizancio

Hace 1.692 años...

...se produjo un acontecimiento de suficiente importancia como para dar un nuevo giro a la historia que vendría después. Roma ya dominaba todos los pueblos del Mediterráneo cuando el emperador Constantino proclamó el Edicto de Milán para legalizar el cristianismo, que se acabaría convirtiendo en la religión oficial del imperio.

Palestina y los lugares señalados por episodios de la vida de Jesús recibieron el nombre de Tierra Santa y se convirtieron en centro de peregrinación. Esto provocó un crecimiento económico importante en la región, entre una población mayoritariamente convertida al cristianismo e influida por las tendencias filosóficas y artísticas de las provincias griegas.

Trescientos años después, el gran Imperio se dividió en dos. El de Occidente no duraría mucho. El de Oriente, que se conocería como el Imperio Bizantino, con capital en Constantinopla, sobreviviría mil años más. El Imperio Bizantino, del que Palestina formaba parte, vivió etapas mejores y peores, amenazado por otros pueblos, asolado por las cruzadas de los monjes-soldados de Occidente, que saqueaban tierras y ciudades en nombre de Dios, y las guerras provocadas por la ambición de los comerciantes de Venecia y de Génova.

Por si eso fuera poco, el Imperio Bizantino se vería acorralado por el avance de una nueva potencia que, a la larga, acabaría con él: el Imperio Turco Otomano.

El tío Ariel

El Gran Israel de los sionistas

Años atrás, poco después de que empezara la Primera Intifada, Efrat había recibido un telegrama. El tío Ariel, el hermano menor de la abuela Ruth, le anunciaba su llegada a Israel, a finales de aquel mismo mes. Efrat no había visto nunca al tío Ariel. Solo sabía de él lo que le había contado su madre, de cuando era pequeño.

También sabía, porque la abuela Ruth lo había comentado muchas veces, que el tío Ariel había jurado que nunca dejaría sola a su madre enferma y que se haría cargo de ella mientras viviera.

—Se sentía en deuda con ella –añadía siempre la abuela Ruth—. Se consideraba culpable de que nuestros padres no hubieran podido hacer su aliah, su "regreso" a Palestina, como habría sido su deseo.

Y es que sus padres, antes de optar por emigrar a los Estados Unidos, estaban decididos a irse a Palestina. Era la época en que el Movimiento Sionista empezaba a facilitar el traslado a quienes lo desearan. Pero justo entonces, su madre se había quedado embarazada de él. No había sido un embarazo fácil y los médicos le habían desaconsejado el viaje. La mujer estaba muy delicada para someterse a las penalidades que conllevaba entrar en Palestina de manera ilegal e instalarse en una tierra, todavía por conquistar. El tío Ariel, ya desde muy pequeño, había vivido convencido de que él había sido el culpable de que sus padres hubieran renunciado a sus propósitos.

De modo que ya era un hombre mayor cuando por fin llegó a Israel para quedarse. Era un sionista convencido. De los que argumentaban, con los Textos Sagrados en la mano, para demostrar que Palestina pertenecía a su pueblo, al pueblo judío, que había tenido que dispersarse por el mundo cuando los romanos, en el año 70, habían destruido el Templo de Jerusalén.

Después de casi diecinueve siglos de Historia, los sionistas reclamaban la tierra. Y la querían desierta, vacía de cualquier otro habitante, para poblarla con los judíos de todo el mundo a los que la Organización Sionista Mundial garantizaba el retorno. Los sionistas no se conformaban con los territorios que Naciones Unidas, a pesar de no ser sus propietarias, les habían cedido, sino que querían toda la Palestina Histórica, desde la costa hasta el Jordán. El *Eretz Israel*. El Gran Israel. Y sus exigencias alimentaban las guerras de conquista que el Estado de Israel había iniciado desde su constitución.

Efrat, que había aprendido de su madre, la abuela Ruth, que hablando se entiende la gente, se escandalizó, horrorizada, cuando el tío Ariel llegó de los Estados Unidos, donde había vivido siempre, y lo oyó hablar como el más fanático de los sionistas. Habían decidido con Yitzhak, que su tío, si así lo quería, viviera con ellos, para que no estuviera tan solo, pero después de pasar unos días con él, se alegraron de que el tío Ariel tuviera sus propios planes. La Agencia Judía de Inmigración le había enviado para hacer realidad su sueño: construir una casa en Palestina y cultivar los campos que les pertenecían desde el inicio de los tiempos.

El tío Ariel, junto con otros colonos sionistas, fue el fundador de uno de los numerosos asentamientos ilegales en los territorios ocupados de Cisjordania. Protegidos por el ejército israelí, los colonos construían pequeñas poblaciones por todo el territorio que habría de pertenecer al futuro estado de Palestina. Antes, el gobierno de Israel expropiaba las tierras y los campos de cultivo a los palestinos que vivían allí y les prohibía cavar pozos para conseguir agua. Después, los colonos se encargaban de disparar contra cualquiera que se pusiera a tiro y el Estado les construía carreteras de uso exclusivo que comunicaban los asentamientos entre sí. Carreteras que los palestinos tenían prohibido utilizar y que suponían una nueva expropiación de tierras.

Los asentamientos de los colonos sionistas estaban rodeados de grandes medidas de seguridad que garantizaba el ejército. Estaban llenos de soldados, de tanques y jeeps blindados. Como en todos los demás, el poblado donde vivía el tío Ariel, estaba también equipado con radares, vallas y muros de cemento armado, para protegerse de las piedras que les lanzaban los niños de una escuela vecina. Y todos estaban muy orgullosos de aquellas instalaciones y se mostraban agradecidos y satisfechos de la protección que su gobierno les dispensaba.

El tío Ariel vivía en una casa preciosa. Una casa de piedra, con su jardín y su tejado rojo, como todas las de su urbanización, tan limpia y reluciente que daba gusto verla. En lo alto de las casas ondeaba la bandera israelí, con la Estrella de David. Desde el jardín de la casa del tío Ariel, se veía el patio de la escuela de la vecina población palestina. El tío Ariel presumía del blanco tan fácil que ofrecían los niños y contaba que a veces se divertía dándoles un buen susto, cuando realizaba sus prácticas de tiro. Y fanfarroneaba diciendo que más de un palestino no había regresado a su casa si lo había pillado cruzando los límites de sus campos.

Efrat y Yitzhak, a pesar de no estar de acuerdo con la política de ocupación de su gobierno, de vez en cuando, todavía visitaban al tío Ariel y él, cuando iba a Jerusalén, también los visitaba y se quedaba a comer. Pero cuando le oyeron decir todo aquello se sintieron tan escandalizados que decidieron no volver a tener jamás nada que ver con él.

Desde que vivía en los territorios ocupados de Palestina, el tío Ariel se vestía a la manera ortodoxa. Siempre llevaba la *kipá* en la cabeza. Por debajo de la camisa ancha, de manga larga, asomaban los flecos del manto. Y, sobre todo cuando hacía incursiones en los campos de cultivo que los palestinos todavía conservaban, para impedirles recoger las aceitunas o segar el grano, se ponía las filacterias en la cabeza y en el brazo, como debía hacer un buen judío para rezar.

Las filacterias, aquellos estuches de cuero, en forma de dado, que contienen cuatro pasajes de la *Tora*, que significa Enseñanza y recoge la Ley de Moisés, y se llevan atadas sobre la frente y en el brazo izquierdo, con cintas de de cuero enrolladas de la muñeca al codo, ¡el tío Ariel se las ponía para sembrar la destrucción!

Después de aquella visita, prácticamente habían dejado de verse. Yitzhak ya no podía soportar la permanente intromisión del tío Ariel en sus vidas. Al principio lo había recibido con el corazón abierto, porque era el hermano de su suegra, el tío de su mujer. Pertenecía a la familia. Luego, cuando se dio cuenta de que tenía que habérselas con uno de aquellos sionistas fanáticos, al principio tuvo que morderse la lengua a menudo para no soltarle cuatro cosas bien dichas. Pero al cabo del tiempo, ya ni el respeto por la edad del tío, ni la memoria de la abuela Ruth podían compensar el rechazo que le inspiraba aquel hombre con su fanatismo y su impiedad.

EFRAT

Mujeres israelíes y mujeres palestinas

Hacía muchos años que Efrat había decidido que había llegado el momento de hacer algo.

Cuando el ejército de Israel invadió y ocupó la Franja de Gaza y Cisjordania, que, según la Organización de las Naciones Unidas, tenían que ser los territorios del futuro Estado de Palestina, causando más de veinte mil muertos y una infinidad de heridos entre la población desarmada, tuvo claro que no podía quedarse de brazos cruzados.

Y cuando supo que había un grupo de mujeres israelíes y palestinas que se concentraban juntas para protestar cada viernes en una de las plazas de Jerusalén, que los árabes llaman Al Qods, se unió a ellas.

Los palestinos, por su parte, también protestaban.

Fue entonces cuando empezó la Primera Intifada, la Rebelión de las Piedras.

Y cuando el tío Ariel llegó a Israel.

Los encuentros con las mujeres palestinas la sorprendieron. Aquellas mujeres tenían muy claro qué era negociable y qué no. Ellas también eran mal vistas por su gente, por el hecho de relacionarse con las israelíes. En aquellos primeros encuentros de hacía ya tantos años, lo que más la conmocionó, porque le dolió y le costó mucho llegar a aceptarlo, fue darse cuenta de que las mujeres palestinas tenían razón en muchas cosas.

Ellas, las mujeres israelíes, a pesar de su deseo de diálogo con las palestinas, eran tan responsables como su gobierno de los crímenes que se cometían contra la población palestina. Hasta que la población civil israelí no reconociera su responsabilidad en lo que sucedía, no habría nada que hacer. Y quizás fuera cierto que ellas, las mujeres israelíes, participaban en aquellos encuentros para poder dormir tranquilas, para no sentirse tan culpables. Ellas, las mujeres israelíes, querían establecer lazos con las palestinas, quizás incluso tener amigas entre las otras, pero no habían tenido en cuenta que la situación lo hacía inviable. Sí eran posibles el respeto y la consideración, y el intercambio de opiniones, pero no la amistad. Para poder hablar de afectos, unas y otras tenían que estar en las mismas condiciones, encontrarse como iguales, gozando de los mismos derechos, del mismo reconocimiento, de la misma libertad.

Hasta que Israel no se hubiera retirado de los territorios ocupados, hasta que no estuviera dispuesto a aceptar compartir la Ciudad Santa de Jerusalén, como capital de dos naciones, hasta que sus gobiernos y su población no aceptaran el derecho internacional y las resoluciones de Naciones Unidas, ¿qué amistad podía construirse entre ocupantes y ocupados, entre opresores y oprimidos?

—No todo el mundo en Israel está de acuerdo con lo que hace el gobierno —decían las israelíes.

—Ni nosotros podemos renunciar a nuestros derechos como pueblo —decían las palestinas.

Tenían razón.

Las mujeres israelíes que participaban en aquellos encuentros, que trabajaban en organizaciones humanitarias, no podían esperar agradecimiento y elogios. ¡Solo faltaría que no hicieran nada!

se decía Efrat. ¡Ya podían ellas hacer algún gesto desde su posición privilegiada a costa, les gustara o no, de la sangre de un pueblo! Y entendía que las mujeres palestinas no quisieran admitir en el grupo a ninguna colona israelí.

–Si de veras quieren el diálogo y la paz, antes deben marcharse de los territorios ocupados –decían con firmeza.

Solo desde el arrepentimiento, desde el reconocimiento de su responsabilidad culpable, los israelíes podrían acercarse a los palestinos para buscar, entre todos, la reconciliación.

Efrat se sublevaba cuando veía los libros de texto de sus alumnos, donde se afirmaba que los palestinos se habían marchado de sus hogares de forma voluntaria. Ningún libro hablaba de los asesinatos masivos, ni de los cientos de pueblos arrasados, ni de los crímenes de los grupos terroristas, el Irgun o la Haganah, predecesores del ejército israelí, en los que habían estado implicadas grandes personalidades de los posteriores gobiernos democráticos israelíes, incluido su actual presidente, Ariel Sharon.

Y todavía le daba más coraje ver como se estaba educando a las nuevas generaciones en el miedo y en el convencimiento de que los palestinos los odiaban por el hecho de ser judíos y no porque hubieran conquistado y ocupado su país. ¿Cómo podía rebatir ella, en clase, lo que aparecía impreso en los libros de texto y que la mayoría de la población creía a pies juntillas?

A veces, Efrat se arrepentía de haber estudiado Magisterio. Tendría que haber hecho periodismo para poder contar a su gente la verdad de lo que estaba ocurriendo en su país. Aunque con toda seguridad se lo habrían impedido. Los territorios ocupados era el lugar donde más se violaba la libertad de prensa y donde se ejercía más violencia contra los periodistas, porque el gobierno de Israel no quería testigos. Efrat deseaba revelar al mundo entero que el gobierno de Israel no dejaba intervenir a la Media Luna Roja ni a la Cruz Roja cuando su ejército llevaba a cabo sus incursiones en las poblaciones palestinas de los territorios ocupados. Que aplicaba castigos colectivos. Que Israel no quería la paz.

Pero era peligroso decir esas cosas en voz alta.

Y más todavía, publicarlas.

Yitzhak

Nadar contracorriente

A raíz de la Intifada de Al-Aksa, cinco años atrás, el gobierno de Israel había optado por los castigos colectivos, aplicados de manera indiscriminada a toda la población palestina.

Sin duda, Yitzhak condenaba los atentados y los ataques contra civiles, los cometiera quien los cometiera. Pero también los actos de violencia de su gobierno. Y Yitzhak se había posicionado al respecto siempre de forma abierta.

Lamentaba la estrategia fraudulenta con la que los israelíes se habían ido apoderando de las casas que eran propiedad de familias palestinas en Jerusalén, que los árabes denominaban Al Qods. Cada vez quedaban menos espacios para los árabes que vivían en la ciudad. Y no era ningún secreto que los árabes de la capital eran sometidos a paquetes de medidas destinadas a hacer la vida imposible a la población no judía de Israel, para que se marchara. Las había tan refinadas como el hecho de no recoger las basuras de los barrios árabes cada día, como se hacía en los barrios judíos, sino solo una vez por semana. El resultado era el deseado por las autoridades. Los árabes de Jerusalén, que de hecho eran ciudadanos de Israel, con todas las obligaciones de cualquiera, pero con menos derechos, vivían entre la suciedad y los malos olores. Era otra manera de echarlos.

Yitzhak amaba Israel, pero era muy crítico con el modo de actuar de su gobierno frente a aquel conflicto que se eternizaba y agravaba. Compartía del todo aquella visión de las cosas con Efrat y ambos soñaban con que Arik, su hijo, fuera su relevo algún día, si las cosas no se arreglaban antes.

Efrat y Yitzhak se habían casado el mismo año que las tropas libanesas aliadas de Sharon asesinaron a más de dos mil refugiados palestinos desarmados, encerrados en los campos de Sabra y Shatila, a las afueras de Beirut. Ellos, los novios, no lo supieron hasta mucho después, porque la población de Israel pocas veces estaba al corriente de los crímenes que se cometían en su nombre, pero cuando tuvieron noticia de lo sucedido, los dos se horrorizaron.

Ahora, Yitzhak llevaba en el coche una pegatina que decía: "¡Detengamos la ocupación!" No había mucha gente, ni en Jerusalén ni en el resto de Israel, que quisiera llevarla, aunque no estuviera de acuerdo con lo que hacía su gobierno. Llevar la pegatina, al igual que hacer manifestaciones públicas contra los abusos de las propias autoridades o posicionarse de algún modo que fuera contrario a los planteamientos sionistas, era considerado casi una traición y podía generar también represalias. A veces, Yitzhak se encontraba el coche rayado o con alguna pintada, escrita con rotulador gordo, pero se lo tomaba con filosofía.

Efrat tampoco se dejaba impresionar ni asustar por los insultos y las amenazas que recibía en la calle, en el trabajo o durante la concentración semanal en la plaza Hagar. La gente les arrojaba tomates, huevos y fruta podrida y las insultaba.

Ellas bromeaban:

—¡Ya podemos hacer una buena ensalada!

Las trataban de traidoras, de putas de los árabes. Les decían toda clase de disparates. Y los peores eran los hombres y las mujeres más radicales de la sociedad y de las prácticas religiosas judías.

Lo que más lamentaban ambos era que Arik, sobre todo cuando era pequeño, también tuviera que pagarlo. A veces llegaba llorando de la escuela. O se había peleado. A medida que se fue haciendo mayor, Arik lo había ido comprendiendo. Poco a poco. Aunque a veces, seguía encolerizándolo que lo señalaran con el dedo por culpa de sus padres. Y a menudo habría querido que Efrat y Yitzhak se olvidaran de todo y actuaran como todo el mundo, como los padres de sus amigos, que no se metían en nada.

A pesar de todo, Arik tenía su pandilla de amigos, compañeros de clase y del Conservatorio, a los que tanto les daba lo que pensaban los mayores, y menos todavía los padres de unos y de otros.

Se había reconciliado con Rachel y trataba de hacerle entender todo lo que le pasaba por dentro. Su vida era un lío. No se creía capaz de cerrar los ojos, pero al mismo tiempo, lo enfurecía que una cuestión política marcara tanto su existencia. Sin embargo, a veces, también podían pasar un montón de días sin que Arik pensara en todo aquello. Con Rachel iban juntos a conciertos, al cine, a merendar. Y de golpe, cualquier incidente o una palabra dicha al azar, lo devolvía a la realidad y a sus quebraderos de cabeza.

—¿Tú sabías que cada verano se crea una orquesta con músicos jóvenes, árabes e israelíes? —le dijo un día Rachel—. Lo organiza Barenboim, aquel pianista y director de orquesta ¡que quiso interpretar a Wagner en Jerusalén! A lo mejor podrías apuntarte —añadió bromeando, la joven.

Arik pasaba por alto sus ironías. Amigo de los árabes lo llamaban algunos, como si fuera un insulto. ¡Si no conocía ni a uno siquiera!

Pero a veces, el insulto llegaba sin que se lo esperara.

Y entonces, escocía.

El mensaje de Muhammad

Hace 1.367 años...

...nació un gran profeta en la ciudad de la Meca, encrucijada de las rutas comerciales que durante siglos comunicaron las tierras y los mares de la zona. Desde el Mediterráneo al Mar Rojo. Desde las tierras del Yemen, de donde dicen que procedía la Reina de Saba, madre de un hijo del rey Salomón, a las costas de África, donde vivían las comunidades cristianas de Etiopía y la comunidad judía de los descendientes del rey Salomón de Israel.

A aquel gran hombre, se lo conoce en todo el mundo por el nombre de Muhammad, Mohammed, Mahomet o Mahoma.

El pequeño Muhammad se quedó huérfano a los seis años y suerte tuvo de que su tío, que era comerciante, lo acogiera en su casa. De mayor se casó con su jefa, una extraordinaria mujer de negocios, llamada Jadicha, con quien tuvo una hija. En la ciudad de la Meca vivían judíos y cristianos y Muhammad conocía los principios de aquellas dos religiones que tenían las Sagradas Escrituras como fuente de conocimiento. Él se sabía también heredero de Ibrahim, el padre de Ismael, hijo de Hagar, y quiso recuperar la pureza de aquella primera religión que tenía un solo Dios, a quien llamó Alá.

Su mujer lo animó a propagar su mensaje que proponía un nuevo orden social. Los pobres lo seguían. Los ricos se sentían amenazados y, como a Jesús de Nazaret, también quisieron matarlo. Tuvo que huir a Medina, que en su lengua significa ciudad. Pero la comunidad judía de Medina también rechazó su interpretación de las Escrituras y Muhammad decidió seguir adelante solo con la divulgación de aquella nueva religión que se conocería como el

Islam y que no solo abarcaba aquello que atañe a la vida espiritual, sino también a la organización de la sociedad.

Sus sentencias y dichos, pronunciados en su calidad de líder espiritual, político o militar, que todo lo fue para sus seguidores, quedaron recogidas en un libro, El Corán, y los principios del Islam se propagaron con tanta rapidez que cuando Muhammad todavía vivía, las tribus enfrentadas de toda la península de la Arabia Feliz, que antes habían adorado a una infinidad de dioses que habitaban las piedras, las aguas y los árboles, creían ya solo en Alá y se reconocían como un solo pueblo.

Diez años después de la muerte del Profeta, del mismo modo que Josué había conquistado Jericó y David la antigua Jerusalén jebusita, Omar ibn al-Jattab, califa de los mahometanos, fiel colaborador y sucesor del Profeta, había extendido el Islam más allá de la Península Arábiga, arrebatando Siria, Palestina y Egipto al Imperio de Bizancio en la batalla de Yarmuk, en el año 636.

A partir de entonces, todas las cuestiones políticas, administrativas, jurídicas y religiosas quedaron en manos de los árabes.

Jerusalén, conquistada por los ejércitos musulmanes, se convirtió en la tercera ciudad sagrada de aquella nueva religión. Los cristianos que vivían en la región y los pocos judíos que quedaban después de la Diáspora, no fueron nunca obligados a convertirse al Islam, porque también ellos eran "pueblos del Libro", pero al cabo de cien años de la llegada de los mahometanos a la tierra que llamaban Filastin, la mayoría de sus habitantes habían hecho suyas la cultura árabe y la religión islámica.

Yassera

El duelo y el consuelo

En cuanto terminó la carrera, Yassera había empezado a trabajar en las redes de asistencia médica que la propia población había organizado. En aquel entonces todavía tenían la esperanza de que su país se convirtiera pronto en un Estado y su gobierno asumiera la responsabilidad y la gestión de todos aquellos servicios básicos.

Parecía que hubiera transcurrido una eternidad desde entonces y la situación, en lugar de mejorar, todavía había empeorado más. Y nada hacía pensar que el Estado de Palestina fuera a ser pronto una realidad.

El gobierno israelí negaba que su intención fuera exterminar al pueblo palestino, pero imponía todas las condiciones imaginables para que el exterminio se produjera. Aunque por encima de todo estaba la intención de humillar, de pisotear la dignidad de un pueblo que no se rendía.

Como no se rendía Yassera tampoco.

Había sacado fuerzas de flaqueza después de los cuarenta días de luto por la muerte de Nabil. Durante el duelo, tal y como establecía la tradición, había manifestado abiertamente su dolor. Los parientes y los amigos les hacían compañía. Las mujeres cantaban canciones que hacían llorar. Y lloraban juntas, a más no poder. Los hombres, en cambio, separados de las mujeres, no derramaban ni una lágrima, porque se habría considerado un signo de debilidad, pero también permanecían juntos, charlando y tomando té o café.

Yassera solo quería morirse. Tenía los ojos irritados de tanto llorar. Y el corazón roto.

Solo los hombres habían acompañado el cuerpecillo del niño hasta el lugar donde lo enterraron. Las mujeres de la familia, Yassera, Djamila, la mujer del tío Jalil y sus hijas habían visitado después la tumba, muy temprano, de buena mañana, para llorar al muerto por última vez.

Luego, ya no se lloraba más ni se cantaban más canciones tristes.

Yassera sabía que el desconocimiento que unos y otros tenían de las tradiciones de sus pueblos y sociedades, era la causa de que las madres palestinas fueran tildadas de fanáticas feroces, porque cantaban cuando se les moría un hijo. También las acusaban de enviar a los más pequeños a la primera línea de fuego y de muchos otros disparates. Todo aquello también formaba parte de la propaganda para hacer creer a los hombres y mujeres de Israel que los palestinos eran sanguinarios y crueles. Pero le daba igual. Nada la consolaba.

Sin embargo, Yassera también sabía que entre la población israelí había gente que no se dejaba engatusar. Lo sabía desde que, poco después de que empezara la Intifada de las Piedras, tuvo noticia de que algunas mujeres israelíes habían tomado partido. Protestaban públicamente contra la ocupación ilegal de los territorios que deberían corresponder al futuro Estado de Palestina. Aquello le había causado una sensación extraña, que trataba de recuperar cuando le parecía que ya no podía más, porque cuando pensaba que al otro lado del muro, en Israel, había hombres y mujeres que exigían que se respetaran los derechos de los palestinos, ya no sentía su corazón tan oprimido.

Esos grupos de mujeres, que se hacían llamar Mujeres de Negro, se concentraban cada semana en algún lugar público de Jerusalén,

Tel Aviv y Haifa. Y todavía era más emocionante saber que también mujeres palestinas se unían a ellas cuando no se lo impedían los controles, los toques de queda o las barreras que el ejército de Israel levantaba en las carreteras y los accesos a las ciudades.

Ella misma lo había hecho alguna vez, cuando los palestinos todavía podían moverse de un lugar a otro con cierta libertad.

La comunicación no era fácil.

Las mujeres israelíes hablaban hebreo y ellas árabe. Para entenderse tenían que recurrir al inglés. Y no todas sabían. En la traducción se perdían matices, precisiones que en un momento dado podían dar pie a malentendidos.

Y todavía existía otra dificultad añadida. Ni las autoridades israelíes, ni las palestinas, veían con buenos ojos aquellos encuentros que celebraban las mujeres. Y si no querían ser acusadas de colaboracionistas o de tener trato con el enemigo, tenían que andarse con pies de plomo.

Como si no fuera todo suficientemente complicado. Por lo menos, ahora ya no les estaba prohibido hablarse, como sucedía tiempo atrás. Aunque últimamente los encuentros se habían ido espaciando y unas y otras se veían obligadas a reconocer que las mujeres más jóvenes no querían saber nada de todo aquello.

Sin embargo, Yassera sabía que no podía desesperarse. Ella era el pilar de su familia. Tenía que sacar adelante a sus hijos. Así que, a veces, también se permitía soñar. Soñar la paz. El día en que aquella pesadilla se acabaría.

—¡Haremos una fiesta, Djamila! —le decía a su hija, con la voz alegre, cuando quería distraerla.

Y le hablaba de las bandejas de hojas de parra y berenjenas rellenas de arroz y carne que prepararían. Todo bien especiado. O quizás podrían guisar un *sayadieh*, aquel plato tan rico de pescado con arroz y ajos. Se entretenía describiéndole las ensaladas de tomates y pepinos con menta, los hatillos de espinacas, aromatizados con tomillo y yerbabuena, y el humus, el puré de garbanzos con limón, para mojar pan. Y le prometía que cuando consiguieran los ingredientes, le ensañaría a hacer pastelillos deliciosos: ka'ak, baklava y krafek.

—Y tú cantarás, Djamila, y todo el mundo tendrá el corazón lleno de felicidad.

El abuelo Adnán

Tradición y modernidad

El abuelo Adnán había decidido que ya había vivido demasiado tiempo arrastrándose, algunos años atrás, cuando el líder de la Organización para la Liberación de Palestina, Yasser Arafat, a quien ellos llamaban con afecto Abu Amar, padre del profeta Amar, y también Al Jityar, El Viejo, regresó a Palestina después de su exilio en Beirut y en Trípoli, dispuesto a poner en marcha el país.

El tío Jalil, cuando discutía de política con su padre, lo hacía con pasión, se alteraba. El abuelo Adnán creía a ciegas en Arafat. Era su líder. Nadie como él. Era el símbolo viviente de Palestina y de su lucha por la independencia. Cualquiera, en cualquier rincón del mundo, pensaba en el sufrimiento de su pueblo en cuanto lo veía. Había luchado contra los sionistas. Había apostado por el diálogo en cuanto se dio cuenta de que era la única manera de conseguir la paz. Había sobrevivido a las guerras, a los numerosos atentados que había sufrido y hasta a un accidente de avión. Ciertamente, el Viejo tenía mal genio y muy poca paciencia, pero había conseguido crear un gobierno palestino en el exilio y que la Comunidad Internacional reconociera a la Organización para la Liberación de Palestina como la legítima representante del pueblo palestino.

Jalil, sin embargo, siempre replicaba recordando a su padre que el Viejo había permitido demasiada corrupción, que su gestión era demasiado autoritaria. El tío Jalil no era un radical de los que reprochaban a Arafat las concesiones que había hecho al gobierno israelí, pero no estaba de acuerdo con el modo que tenía el Viejo de hacer las cosas. Eso sí, lo respetaba por encima de todo y pobre de quien lo criticara.

Pero de eso hacía mucho tiempo y no se podía decir que hubieran avanzado mucho. Y ahora su líder se moría en París y la violencia se había impuesto por ambas partes.

El abuelo Adnán también había cambiado.

¡Tanto como se había empeñado en su hija Yassera y los chicos estudiaran!

¡Tanto como había apoyado a su hija cuando se implicó en el futuro de Palestina y en los grupos de mujeres que buscaban el diálogo entre ambos pueblos!

Y ahora se daba cuenta de que incluso él mismo se cerraba y volvía atrás, porque hacía ya días que solo pensaba en que convenía casar a Djamila. Así la chica estaría más protegida.

Muchas familias lo hacían.

Y es que el abuelo Adnán no daba crédito a cuanto sucedía y veía el futuro todavía más negro desde que el gobierno israelí había empezado a construir aquel muro inmenso, alto y largo, que los aislaba todavía más en los pocos espacios que no habían sido ocupados por los colonos israelíes.

Por suerte para Djamila, toda la familia se opuso a la propuesta del abuelo Adnán. La chica tenía que estudiar. Ya se casaría cuando tuviera más edad y encontrara al hombre adecuado, como había hecho Yassera.

Yassera había conocido a Salim, porque era compañero de estudios de su hermano Jalil. Los dos se habían matriculado en la Universidad de Birseit, que era la única universidad árabe que quedaba en Palestina, y los dos formarían parte de la primera promoción de ingenieros. La universidad había empezado siendo una escuela de niñas, creada el año 1924, y había ido creciendo, con ilusión y esfuerzo, a pesar de la represión israelí, las detenciones y encarcelamientos de profesores y alumnos, y los obstáculos que a veces podían parecer insuperables.

Yassera se había enamorado de Salim y Salim de ella.

El abuelo Adnán habría preferido que la única hija que tenía se casara con alguien conocido. En los campos de refugiados y en los suburbios de las ciudades, los desplazados por la invasión israelí y por las persecuciones de que eran objeto, se habían mantenido agrupados. Gente del mismo clan, del mismo pueblo. No habría sido difícil casar a Yassera con el hijo de alguna familia con la que estuvieran emparentados o con la que, por lo menos, hubieran tenido trato durante un buen montón de años. Sin embargo, había comprendido que los tiempos cambiaban y que algunas de las viejas tradiciones habían tenido sentido en su momento pero podían haberse quedado anticuadas.

Así que Yassera se casó con Salim sin tener que enfrentarse con sus padres ni pelearse con la familia. Se habían casado mayores, comparado con lo que era habitual, porque habían querido esperar a hacerlo a que los dos hubieran acabado los estudios. Se instalaron en una habitación que añadieron a la casita de ladrillos de barro cocidos al sol, junto a sus padres y con Jalil, que también se había casado, con una muchacha muy joven.

Luego Salim había tenido que marcharse.

Yassera había llorado, de noche, cuando todos dormían, después de que entre todos hubieran decidido que lo más conveniente era que Salim se fuera a trabajar al extranjero. A los países vecinos.

No era nada nuevo.

La Palestina ocupada no permitía a nadie salir adelante. En cambio, era fácil encontrar trabajo, incluso un buen trabajo, en países ricos en recursos y en petróleo como Kuwait u otros países del Golfo, que en cambio no tenían suficiente gente con estudios. Allí, Salim, siendo ingeniero, podría ganarse bien la vida.

Yassera había llorado de noche, pero a pesar de que se moría solo de pensar que tendrían que estar tanto tiempo separados, no quiso marcharse con él. Consideraba que su trabajo en Palestina estaba por encima de su vida personal.

También por eso se había opuesto a la idea del abuelo Adnán de casar a Djamila. Ella se había quedado en Palestina para construir allí un mundo nuevo. Un país nuevo. Y quería que Djamila perteneciera a una nueva generación de mujeres palestinas que, a pesar de la adversidad que les había tocado vivir, no se dejaran engañar por nadie. Y menos por los líderes de facciones radicales que no fomentaban precisamente la igualdad de hombres y mujeres, ni tenían ningún interés en facilitar, ni siquiera en aceptar, la presencia de mujeres en los espacios públicos.

Sí que era bienvenida su participación en la lucha para la liberación nacional y eran aceptadas cuando querían inmolarse convertidas en bombas humanas, pensaba de vez en cuando Yassera indignada, pero a muchos dirigentes no les hacían ninguna gracia los movimientos feministas, porque según los más radicales, no se correspondían con su propia interpretación de la Sharia, la Ley Islámica.

Djamila

Aferrarse a la esperanza

Djamila se había acostumbrado desde pequeña a ver como su madre y su tío Jalil participaban en toda clase de actividades.

La gente, en Palestina, cuanto más la asfixiaba el Estado de Israel, más se organizaba.

Se habían creado por todas partes asociaciones y organizaciones de todo tipo, redes de solidaridad, grupos de mujeres, un sinfín de voluntarios y hasta clubes literarios. Todo aquello no era solo fruto de la represión, sino también de la tradición de su pueblo, que a lo largo de los siglos los había fortalecido y cohesionado como nación.

Pero Djamila ya era bastante mayor como para darse cuenta también de que entre su propia gente se estaba abriendo una grieta. Se estaba produciendo un cambio peligroso para el futuro de la sociedad palestina. El hecho de que el abuelo Adnán hubiera propuesto casarla, era una prueba de ello. Veinte o treinta años atrás, los palestinos se habían distinguido del resto de países árabes porque su sociedad era laica y no se regía por principios religiosos. Ahora, todo aquello se estaba perdiendo. Tanto entre sus dirigentes, como entre la población.

Eso y la violencia de algunos grupos, favorecían a Israel que nunca había querido la creación de un Estado Palestino moderno, pegado a sus fronteras, que no justificara la represión de su población y la ocupación de sus territorios. Todo el mundo sabía que, mientras Arafat vivió exiliado, el gobierno israelí financió y protegió a los grupos radicales como Hamas, que tampoco deseaban la democracia. Ni un Estado laico, que no tuviera como único referente la Sharia. A Israel le convenía poder etiquetar a los palestinos como una amenaza.

Lo peor de todo aquello era que con el tiempo, la desesperación había hecho ganar adeptos y popularidad a los grupos como Hamas. Y estos grupos, también lo sabía todo el mundo, no querían el diálogo con Israel. Y aparte de esto, no permitían a las mujeres participar activamente en nada.

Pero su madre, Yassera, no se dejaba amilanar. A pesar de su dedicación permanente a su trabajo en el hospital, que nunca le parecía suficiente, encontraba tiempo para participar en las actividades de una asociación palestina de mujeres. Las mujeres palestinas eran conscientes de que no solo tenían que luchar para la liberación y la independencia de su país, sino que, como en muchos otros lugares, debían mantener en paralelo, en su propia sociedad, otra lucha que garantizara sus derechos como mujeres.

Djamila, ante aquella enorme tarea, abría unos ojos como platos, y casi prefería no crecer.

Y Yassera tampoco la presionaba.

Porque Djamila, aunque cada vez se interesaba más por lo que hacía y decía su madre y de una manera todavía difusa deseaba ser como Yassera cuando fuera mayor, todavía se limitaba a vivir el presente. A sobrevivir. Y seguía soñando. A pesar de todo, conservaba su sueño pequeño que parecía un imposible. El sueño de conseguir como fuera estudiar música.

Todavía quería convertirse en una gran cantante y llegar a ser conocida en todo el mundo árabe.

—Djamila —le dijo un día su madre mientras comían—, hoy, en el hospital, me han dicho una cosa que puede interesarte mucho.

Hablando de que también había israelíes que querían la paz, un colega de Yassera había recordado el alboroto que se armó, un par de años atrás, cuando Daniel Barenboim, el pianista judío, estuvo en Ramala y tocó en la Escuela de Música. Luego se supo que después de aquello, el gobierno israelí lo había declarado persona no grata, porque se lo habían prohibido explícitamente.

—Pero eso no es lo mejor —añadió Yassera al ver la expresión desconcertada de su hija–. Por lo visto, este músico, consigue dinero para que los niños y niñas palestinos puedan estudiar música.

—¿De verdad? —se maravilló Djamila.

—Tenemos que averiguar qué hay de cierto en esta historia —decidió Yassera.

Claro que lo averiguarían pensó Djamila, con la esperanza reavivada. ¡Desde luego que lo harían!

Esplendor y decadencia del Imperio Otomano

Unos 500 años atrás...

...el Imperio Otomano había alcanzado su máximo esplendor. Ya hacía más de dos siglos que los turcos otomanos, tribus tártaras del interior de Asia, todavía medio nómadas, convertidas al Islam, avanzaban hacia la costa, conquistando territorios. Sus dirigentes ya no eran llamados califas, sino sultanes. En las tareas de gobierno, los turcos se reservaban las funciones militares, mientras que dejaban la administración y la legislación en manos de los persas o de los árabes.

Consiguieron apoderarse de Constantinopla, capital del Imperio Bizantino, y la llamaron Estambul. Sería la capital de su propio imperio hasta el final. Más adelante conquistarían Alejandría, en el norte de Egipto, y también Europa, hasta llegar a las puertas de Viena.

Esto sucedió en tiempos del sultán Solimán, el Magnífico. Además de medio continente europeo, le pertenecía todo el sudoeste asiático, el norte de África y todo el Mediterráneo. Después de él se iniciaría el declive del imperio, que se prolongaría hasta finales de la Primera Guerra Mundial. Y su decadencia supuso también la de los pueblos a los que había sometido.

Y apenas habían transcurrido cien años desde que, después de la Primera Guerra Mundial y de la aniquilación del Imperio Otomano, franceses y británicos pactaran en secreto repartirse los territorios de Palestina. Sin embargo, los británicos habían prometido a la Organización Sionista Mundial la creación de un estado judío en Palestina, ya que los judíos habían contribuido a financiar sus tropas. Y al mismo tiempo, también habían garantizado a los árabes la independencia de aquellos territorios. Todo un lío de promesas embusteras, imposibles de cumplir.

Y entonces, en Alemania, llegó al poder el régimen nazi provocando una huida masiva de judíos, amenazados de exterminio, hacia Palestina. Gran Bretaña, que tenía que encargarse de la gestión del territorio, tuvo que restringir su llegada. Pero los sionistas no se amilanaron y la Haganah, su brazo armado cometía atentados contra las instalaciones y el personal británicos.

Así que el año 1947, hartos de tener que negar la entrada a Palestina a los miles de judíos que querían afincarse allí, y que después de haber sido perseguidos, torturados y asesinados por los nazis gozaban de las simpatías del mundo, los británicos se desentendieron de todo y se marcharon. Mientras, la mayoría de los países de la zona que habían formado parte del Imperio Otomano perfilaban sus fronteras, conseguían la independencia y establecían sus propios gobiernos.

Todos menos Palestina.

Uri

Violencia indiscriminada

Se habían despedido riéndose de un último chiste que había contado Uri. Habían pasado la tarde en una cafetería del centro de la ciudad. Uri, Rachel y Arik. Hacía tiempo que Uri se dedicaba a dar la lata a Arik. Se pasaba el día diciéndole que Rachel iba detrás de él, que estaba loca por Arik. Y por más que Arik se enfadara y le respondiera que todo aquello eran tonterías, Uri no dejaba de bromear a costa de lo mismo.

—¡Ay, la violinista! ¡Si no tienes cuidado, chaval, pronto te habrá cazado!

Arik ya no se tomaba la molestia de explicar a su mejor amigo que, tal y como pensaba Rachel, nunca podrían llegar a entenderse. Rachel era tan sionista como su tío Ariel y él no quería saber nada de aquella parte de la sociedad israelí que solo se sentiría segura cuando hubiera expulsado del territorio a todos los palestinos y hubiera borrado todo rastro de su cultura y de su estancia milenaria en los territorios.

—Pero es guapa —lo pinchaba Uri.

—Sí, es guapa —cedía Arik.

Y la verdad era que, si no fuera por el tema de Palestina, sí que Rachel le gustaba un poco. Era divertida. Y era muy buena violinista. Se veían a menudo. Como aquella tarde, que habían quedado los tres para hablar de sus cosas. Rachel se había marchado antes que ellos, porque tenía clase en el Conservatorio.

Uri y Arik se habían quedado un rato más. Se habían separado en la puerta de la cafetería, con aquel último chiste y Uri se había marchado andando hacia la parada del autobús.

Arik se alejaba a pie, con la sonrisa todavía bailándole en los labios, cuando se produjo la explosión.

Se dio la vuelta y solo pudo ver una nube de humo. Los gritos lo ensordecieron. Pronto se oyó aullar a las sirenas de las ambulancias. Los soldados llenaron la zona como salidos de la nada. Otro atentado. Otro suicida. Más víctimas entre la población civil israelí.

Los soldados no lo dejaron pasar. Hasta la noche, Arik no pudo confirmar lo que los latidos de su corazón acelerado bombeaban sin parar. Uri, su mejor amigo, había muerto al instante en aquel atentado.

Se derrumbó del todo cuando su padre Yitzhak, después de hacer algunas llamadas, se lo confirmó. Sus padres no se apartaban de su lado, pero Arik no se dejaba consolar.

Yitzhak y Efrat también estaban destrozados. ¿Cuándo se acabaría aquella pesadilla? ¿Cuándo se empezaría a buscar en serio una solución a aquella situación tan extrema, de tanta violencia, que sufrían todos?

Pero Yitzhak no quería engañarse. Su familia había vivido siempre en Palestina, había formado parte de una minoría judía sin problemas. La vida entonces era tranquila.

La creación del Estado de Israel había provocado un descalabro en aquel país pequeño.

Guerra. Injusticia.

Crímenes que podían calificarse de crímenes contra la humanidad.

Violación de los derechos humanos desde un gobierno que se decía democrático, que había sido elegido y representaba legítimamente los intereses de los ciudadanos. Y que se dedicaba a practicar, desde la posición privilegiada de un gobierno representativo, el peor y más feroz de los terrorismos de estado. Manipulaba la información y hacía un uso abusivo del victimismo de siempre, acusando de antisemitismo a cualquier voz disidente en el país o en el extranjero, aterrorizando así a la gente que se negaba a pensar. Maestros de la propaganda.

Pero esto no podía decirse en voz alta. Ni baja.

Y menos todavía cuando se producían aquellos atentados terribles contra su gente. Aquellos crímenes indiscriminados.

Arik se había encerrado en su habitación y tocaba, abrazado a su violonchelo.

Yitzhak podía entender que la resistencia palestina atacara a los soldados del ejército de Israel, pero no podía admitir ni disculpar el asesinato de civiles.

Como no lo disculpaba tampoco, cuando las víctimas eran palestinas y los verdugos eran los soldados de Israel o los colonos sionistas como el tío Ariel.

Cada acto de violencia, de un lado o de otro, agravaba las heridas y hacía todavía más profundo el abismo que separaba a ambos pueblos. ¿Cómo podrían ellos y las generaciones que habían de venir convivir en paz, construir nada bueno encima de tanta sangre?

Pero estaba convencido de que a Uri no lo habían matado por

ser judío, sino porque pertenecía a una nación que oprimía a otra. Y aquello era muy distinto.

Más tarde, esa misma noche, se presentó Rachel con sus padres, que no habían querido dejarla salir sola. La joven estrechaba contra su pecho el estuche de su violín.

Los mayores se quedaron en el salón. En silencio.

Rachel entró en la habitación de Arik y durante mucho rato tocaron juntos. De memoria, porque las lágrimas no les dejaban leer las partituras. Hasta que la música los consoló.

Arik

Salir del infierno

Por primera vez en su joven existencia, Arik sintió su corazón lleno de odio y el sabor agrio del deseo de venganza en la boca, seca de espanto. ¿De qué servía poseer uno de los ejércitos más poderosos de la tierra? ¿De qué había servido la construcción de aquel muro de hormigón que encarcelaba y aislaba a los habitantes de Palestina en previsión de ataques como aquél? ¿De qué servía vivir de espaldas a la realidad, como había vivido Uri, como seguía viviendo Rachel? ¿De qué había servido tanta represión y tanta lucha, si todo iba cada vez peor?

Pero cuando pensó en las represalias que su gobierno llevaría a cabo a raíz de aquel último atentado, Arik vomitó.

Se sentía atrapado. Estaba harto de todo. Solo quería que aquello acabara.

Ya era suficiente. Ya basta de muertos, de sangre, de miedo.

¿Por qué nadie detenía aquella locura? ¿Por qué nadie los obligaba a hacer las paces de una vez? ¿Por qué no jugaban limpio todos y hablaban claro y trataban de ponerse de acuerdo para acabar con todo aquel espanto? ¿No valía nada la vida de las personas para todos aquellos poderosos que tomaban las decisiones? ¿Qué conseguían los dirigentes de ambos bandos con aquel permanente baño de sangre que no conducía a nada?

¿Y que conseguían sus padres haciendo el panoli, reclamando la creación de un Estado palestino, la retirada de los colonos de los territorios ocupados y la destrucción del muro?

Aquello no había quien lo parara. Nunca lo conseguirían. Ni unos ni otros.

Arik lo veía todo negro. Arik estaba harto. Y estaba desesperado. Porque si él fuera palestino, si a él lo hubieran echado de su casa y se lo hubieran quitado todo, si lo hubieran humillado y acorralado, como se sabía que su gobierno y su ejército hacían con los palestinos, quizás también mataría, quizás tampoco distinguiría entre las víctimas, quizás también cruzaría la línea que separaba lo que está bien de lo que está mal.

No lo sabía.

Ni tampoco quería saberlo.

Se sentía acorralado. Utilizado. Manipulado. Por unos y por otros.

Aquello era un infierno.

Solo la música sosegaba su espíritu. Y Arik intentaba sacar fuerzas de ella. Descolgaba el instrumento del soporte de madera que se había hecho él mismo, ajustaba la pica, repasaba la afinación, tensaba el arco, corregía la postura de su cuerpo y hacía escalas, tocaba acordes, arpegios, realizaba cambios de posición a lo largo del mástil y tocaba y tocaba hasta que las notas bailaban ante sus ojos.

Yitzhak

Un paseo por los escenarios de la injusticia

Yitzhak, a pesar de que él y sus antepasados habían nacido y vivido en Palestina, más de una vez, hablando con amigos que pensaban como él, se había planteado marcharse del país. Era consciente de que su gobierno no quería negociar la paz, porque no estaba dispuesto a devolver los territorios que había ocupado de forma ilegal. Pero por otro lado, si los que querían la paz se marchaban, ¿no era como dejar el campo libre a los sionistas? El comportamiento de su gobierno era absolutamente contrario a la moral y a los principios del judaísmo, su propia religión, y así lo habían denunciado algunos rabinos. Pero si los ciudadanos de Israel que creían en la tolerancia, el diálogo y la convivencia se marchaban, ¿quién alzaría la voz a favor del compromiso y la paz?

Efrat y Yitzhak habían pasado aquella noche en blanco cuando, por fin, Arik se durmió, agotado, vencido por la desesperación.

Yitzhak, aunque sus orígenes le permitían no tener que cuestionarse en ningún momento su derecho a vivir en Palestina, sí se daba cuenta de que a pesar de ser descendiente de los judíos palestinos que habían vivido bajo el Imperio Otomano o el Protectorado Británico, ahora, por el hecho de formar parte de la población del Estado de Israel, pertenecía a las fuerzas de ocupación que asfixiaban la libertad y pisoteaban la dignidad de todo un pueblo.

Siendo más joven ya se había escandalizado ante la discriminación que el Estado de Israel practicaba con los ciudadanos israelíes que no eran judíos. Se les negaban muchos derechos, cobraban salarios más bajos, tenían acceso a menos servicios y quedaban excluidos de todos los derechos que solo se conseguían si se había hecho el servicio militar, que a ellos les estaba prohibido hacer. Recordaba los años en que, estando todavía en la universidad, los estudiantes israelíes judíos organizaban manifestaciones para exigir del gobierno que sus compañeros de clase, los israelíes árabes, también tuvieran derecho a obtener becas de estudio.

Ahora todo aquello le parecía casi insignificante en comparación con el grado de violencia al que se había llegado. Hacía ya mucho tiempo que los israelíes judíos cerraban los ojos. Eran muy pocos los que se manifestaban contra aquella represión que se ejercía en nombre de la seguridad. Si había manifestaciones, eran de colonos que se negaban a abandonar los territorios y amenazaban a su propio gobierno, que tanto los protegía y consentía, incluso con una guerra civil.

Durante los días siguientes, Yitzhak se llevó con él a Arik, cuando iba a trabajar en algún lugar de los territorios ocupados en la reconstrucción de alguna casa. Quería que su hijo fuera también testigo de la precariedad en la que se veía obligada a vivir la población palestina.

Gente con estudios, el pueblo más diplomado del mundo árabe, había quedado reducido a la mendicidad.

La mayoría de las familias y de los refugiados y desplazados se veían obligados a depender de la ayuda internacional que les proporcionaba un saco de trigo de unos treinta kilos cada dos meses, azúcar y té.

Yitzhak hizo que Arik viera los controles en los accesos a las ciudades y las barreras militares que impedían la circulación de mercancías y obligaban a los campesinos palestinos a vender sus productos a precios reventados mientras estaban detenidos durante días en los controles, antes de que se les pudriera la mercancía.

Le habló de las incursiones israelíes en los campos de cultivo palestinos, con el único objetivo de destruir las cosechas después de que los agricultores ya se hubieran gastado el dinero en agua, semillas y fertilizantes.

Quería que Arik se diera cuenta de que la violencia solo engendraba más violencia, porque Yitzahk no quería de ningún modo, que su hijo, a raíz de la muerte de Uri, su mejor amigo, se convirtiera, en su corazón herido, en un asesino.

Pretendía hacerle comprender hasta qué punto era perverso que el gobierno de Israel asfixiara de aquel modo a los palestinos. ¡Era evidente que Israel no podía permitirse exterminarlos abiertamente! Pasaba por ser una democracia, un Estado respetable y quería conservar su imagen. De puertas adentro ante su propia gente, que no tenía ni idea de lo que estaban haciendo su ejército y sus colonos, como el tío Ariel, y sobre todo de puertas afuera, ante la Comunidad Internacional que lo apoyaba y se tragaba que todo cuanto hacía el gobierno era para garantizar la seguridad de su población y protegerla.

Arik había aceptado acompañar a su padre. Lo hacía con amargura. Quería saber. Quería comprender. Tanta hipocresía lo ponía enfermo y empezaba a entender a sus padres. Pero le parecía imposible poder librarse de tanta rabia como corría por su sangre.

Arik

La luz al final del túnel

Arik quería salir de aquel agujero negro, al fondo del cual lo había precipitado la muerte de Uri en aquel atentado indiscriminado.

Poco a poco, Arik iba comprendiendo que su padre Yitzhak se avergonzara de ser israelí cuando salía de la ciudad en coche. Israel tenía una espectacular red de autopistas y carreteras, reservadas exclusivamente a la circulación de los coches israelíes. Una red que se iba extendiendo también por los territorios ocupados. Los asentamientos ilegales de colonos, como aquel en el que vivía el tío Ariel, estaban comunicados y enlazados por magníficas carreteras. Ningún coche palestino podía circular por ellas. Y el control era fácil. Los vehículos de los territorios ocupados llevaban matrículas azules. Solo los palestinos de Jerusalén compartían la matricula amarilla de la capital, que les permitía circular libremente.

Arik buscaba información en internet.

Quería respuestas a sus preguntas. Quería saber. Pero quería saber la verdad. No lo que decían sus libros de texto o lo que divulgaba la propaganda del gobierno o los discursos de los sionistas. Ni tampoco lo que decían sus padres.

Y descubrió, con todo el dolor de su corazón herido, que sí, que era un ocupante.

El viernes siguiente, a la hora en que sabía que las Mujeres de Negro, aquel grupo mixto de mujeres palestinas e israelíes, se manifestaban en la plaza de Francia que ellas habían rebautizado con el nombre de plaza Hagar, en memoria de una de las primeras Mujeres de Negro, se desplazó hasta allí.

Estuvo un rato mirando de lejos.

Se dedicó, sobre todo, a contemplar a su madre Efrat, que sostenía un cartel donde las mujeres exigían la retirada de los territorios ocupados. Lo conmovió su seriedad. Se le encogió el estómago con cada insulto de la gente que pasaba. Los peores eran los judíos ortodoxos, que a pesar de su ardor religioso, no poseían ni pizca de humanidad en sus corazones fanáticos.

Vio a Efrat sonreír cuando le lanzaban tomates y hojas de lechuga.

Lo impresionó ver a aquel puñado de mujeres vestidas de negro reclamando una paz digna para ambos pueblos. Lo impresionó su actitud pacífica. No devolvían los insultos, no se dejaban provocar.

Y el corazón, que se le estaba convirtiendo en piedra, se le esponjó.

Entonces dio un paso hacia delante. Y otro.

A medida que avanzaba hacia el grupo de mujeres, se sentía más ligero. El peso insoportable que arrastraba desde la muerte de Uri parecía desaparecer, hacerse más llevadero.

Era un ocupante y al igual que su madre y su padre, que nunca lo habían negado, ahora se sentía responsable de hacer algo. De contribuir de algún modo a caminar hacia la paz.

Cuando estuvo más cerca, Efrat le reconoció.

Se miraron en silencio.

Efrat sonrió y al mismo tiempo se le humedecieron los ojos.

Arik no sonrió, pero cuando vio a Efrat emocionarse, supo que había tomado la decisión correcta. Se unió al grupo y permaneció junto a las mujeres durante todo el tiempo que duró la concentración.

CUARTO MOVIMIENTO

Puertas para la esperanza

Djamila

Preguntas sin respuesta

El once de Noviembre del año 2004, el 29 del Ramadán de 1425 según el calendario musulmán, murió en París el líder palestino Yasser Arafat, que no pudo ser enterrado en la Explanada de las Mezquitas por la oposición del gobierno israelí. Poco después se celebraron elecciones en Palestina y salió elegido nuevo presidente Mahmud Abbas, conocido como Abu Mazen.

Djamila se sorprendía de cómo, sin apenas darse cuenta, desde hacía poco empezaba a entender las cosas y a interesarse por todo aquello que hasta entonces le había parecido que era asunto de los mayores.

A raíz de la elección de su nuevo presidente, se preguntó si llegarían a abrirse nuevas puertas al diálogo en aquella etapa que se iniciaba de la historia de Palestina. Ahora, cosa que no le había pasado nunca antes, era consciente de cómo se abrían y cerraban los periodos que a lo mejor algún día se estudiarían en la escuela, en la clase de Historia. Y sobre todo se preguntaba si aquel diálogo buscaría de verdad el modo de emprender un camino hacia la paz. Una paz justa.

Salim había vuelto a casa para votar. Siempre se escandalizaba de cómo empeoraba la situación de su gente, pero quizás ahora que una vez más se hablaba de establecer de nuevo una base para el diálogo, sería diferente que otras veces. Quizás ahora que todos estaban ya hartos de tanto duelo, sus dirigentes y los de Israel se lo tomarían en serio. De momento, parecía que las cosas podían empezar a cambiar. Lo parecía, al menos, en aquellos días, después de las elecciones.

Aunque Salim tampoco se hacía demasiadas ilusiones.

—Quizás no todo está perdido, Djamila, hija —le decía a la joven esforzándose en parecer optimista. También él creía, como el abuelo Adnán, que la esperanza era la única cosa que los israelíes no podían quitarles.

Sin embargo, todavía estaba por ver qué clase de diálogo querría el Primer Ministro del gobierno de Israel. La puesta en libertad de los miles de presos políticos palestinos que se pudrían en las cárceles de Israel, ya era un obstáculo para las conversaciones.

Y aquello no era nada comparado con los temas que tendrían que tratar.

—Pero, papá, ¿tú crees que ahora van aceptar que volvamos a casa? ¡Con la cantidad de gente que somos! —preguntaba Djamila que cada vez participaba más en las conversaciones de los mayores que antes ni siquiera escuchaba.

Salim era consciente de la dificultad enorme que suponía negociar el retorno de los refugiados a sus lugares de origen, tal y como establecían las resoluciones de Naciones Unidas. Aquellos miles de ciudadanos que habían sido expulsados, deportados, obligados a huir, ya se habían convertido en millones. Era difícil imaginar a toda aquella multitud regresando a casa, para vivir bajo la autoridad de Israel. Todo el mundo sabía que los israelíes nunca aceptarían el retorno de los palestinos a sus hogares. Pero por lo menos, según Naciones Unidas, tenían derecho a una indemnización. Y algunos todavía tenían a parte de su familia allí, en Israel. Algo tendrían que hacer.

—Papá, si las conversaciones van bien, ¿dónde estará Palestina, nuestra Palestina? —decía Djamila, que no lo veía muy claro.

La verdad era que todo el mundo, en la calle y en las casas, sabía que el tema de les fronteras del futuro Estado de Palestina todavía era más complicado que el de los refugiados. Después de tantos años de invasión, después del establecimiento continuado y creciente de nuevos asentamientos de colonos en los territorios ocupados, sería muy difícil conseguir que se marcharan. Y todavía más conseguir que se respetara el reparto definitivo del país que se había estipulado muchos años atrás, en 1967. La retirada de los colonos de una parte de la Franja de Gaza, ya estaba originando enfrentamientos muy serios entre los colonos sionistas y su propio gobierno, a pesar de las cuantiosas indemnizaciones y compensaciones económicas que los colonos recibían.

No querían marcharse.

Y por si fuera poco, quedaba pendiente también la eterna discusión sobre Jerusalén, la Ciudad Santa de Al Qods, que ambos países querían tener como capital en exclusiva.

Era difícil imaginar cómo irían aquellas anunciadas conversaciones. Pero ellos, bajo la lona de las tiendas, sobre las ruinas de lo que había sido su casa, se permitían recuperar la esperanza.

Arik

Convertirse en un refusenik

El tío Ariel, poco después de que Efrat y Yitzhak dejaran de relacionarse con él tras haberlos recibido en su casa, se había enterado de que su sobrina se manifestaba con las Mujeres de Negro reclamando la retirada de Israel de los territorios ocupados. Que participaba en acciones junto a los controles militares apostados en las entradas y salidas de las ciudades palestinas, donde ella y otras mujeres del grupo grababan lo que los soldados hacían a los palestinos. Y que hablaban con ellos, con los soldados, para que se negaran a destruir las casas de los palestinos, a cegar sus pozos de agua o a quemar sus cosechas. Que trataban de convencerlos para que no impidieran que los enfermos o los heridos o las mujeres que estaban de parto llegaran a un hospital, en lugar de dejarlos morir en las barreras.

Habría querido partirle la cara.

Se calmó cuando pensó que, por suerte, los medios de comunicación, ni nacionales, por supuesto, ni tampoco extranjeros, no daban cobertura alguna a lo que hacían las mujeres. Por otro lado, Yassera era hija de su hermana Ruth, que había sido una pionera, y por eso prefería hacer la vista gorda y dejarla por inútil. Un puñado de mujeres locas no podría cambiar el destino del Gran Israel.

Como todos los sionistas, el tío Ariel estaba convencido de lo que hacía. Y no lo ocultaba. No pretendía colonizar Palestina para explotar a su población como mano de obra barata o para apoderarse de sus recursos naturales. Ni tampoco se planteaba la posibilidad de que su gobierno llegara a un entendimiento con las autoridades palestinas. Los sionistas se negaban a devolver los territorios conquistados por la fuerza de las armas.

No querían de ningún modo que los palestinos pudieran crear su propio Estado. No querían que ambas naciones llegaran a convivir en paz, como buenos vecinos.

Afirmaban que no había espacio para ambos pueblos y que, por lo tanto, los palestinos tenían que marcharse. De grado o por fuerza.

El tío Ariel estaba completamente de acuerdo con las consignas del gobierno: era necesario construir cada vez más y más colonias en los territorios ocupados. Así, acabaría por ser del todo imposible devolver aquellas tierras. Lo llamaban una política de hechos consumados. Y al mismo tiempo, había que seguir haciendo la vida imposible a los palestinos, para que acabaran renunciando a sus pretensiones.

Era lo que hacían los colonos.

Y lo que hacía el ejército.

Y no tenían la menor necesidad de justificarse.

Pero Arik, que durante toda su infancia le había oído aquel discurso, estaba decidido a contribuir a la paz.

Después de los exámenes de final de curso, cuando las autoridades lo convocaron para que se incorporara al servicio militar, ya había tomado la decisión de convertirse en lo que se llamaba un *refusenik*: alguien que se negaba a matar, que se negaba a servir en las filas del ejército de Israel.

Lo habían citado para hacerlo declarar ante el Comité de Conciencia.

Él se ofreció a servir a su país con alguna prestación social.

Pero el Estado de Israel, ni tan solo reconocía la objeción de conciencia y por lo tanto, no tenía previsto ningún tipo de servicio social sustitutorio.

Luego había sido juzgado por el Tribunal Supremo, donde siguió defendiendo que nunca cogería un arma para atacar a otro ser humano y no se cansó de repetir que ninguna guerra está justificada, ni ha solucionado nunca nada.

Alguien, bien intencionado, le había sugerido que se hiciera declarar "loco". Bastaba con que fuera a visitar a un psiquiatra y le soltara alguna historia medio creíble para obtener un certificado médico que lo declarara no apto para ingresar en el ejército. Más de uno lo había hecho. Solo tendría que pagar el precio de la visita al médico.

Pero Arik no había querido siquiera oír hablar de eso.

¡No pretendía escaquearse de sus obligaciones como ciudadano! Solo quería ser coherente con aquello que pensaba. Ahora creía firmemente que nadie tenía ningún derecho sobre la vida de otros. Ahora estaba convencido de que lo que hacía el ejército israelí en los territorios ocupados era un abuso y su brutalidad inaceptable.

Y ante el Tribunal Militar, al final de aquel periplo engorroso, incluso había osado decir a los militares que lo juzgaban:

—Solo podrá ganar quien renuncie a la violencia.

Lo habían condenado a un año de prisión.

Djamila

La cobardía de morir matando

Aquel verano, antes de la muerte de Arafat, mientras todavía estaba aislado en la *Muqata*, la sede de su gobierno en Ramala, Djamila se desesperó como nunca. Se daba cuenta de que a raíz de la muerte del pequeño Nabil, Saher estaba cada vez más raro, más cerrado, más ensimismado. Estaba convencida de que si no intervenía, también podía perder a su hermano mayor.

Saher acumulaba el odio en su corazón. Cerraba los ojos y los oídos a las palabras de reconciliación, de diálogo. ¿Diálogo con los tanques de Sharon? ¿Con sus misiles? ¿Con sus sicarios de los *checkpoints*? Recordaba con demasiada viveza sus abusos, le dolía demasiado ver cómo demolían su vida. Le habría gustado ir a la universidad, aunque en casa lo negara y dijera que estudiar no servía para nada.

Pero habían podido con él y eso también alimentaba su resentimiento. Lo habían acobardado la mañana en que su tío Jalil lo acompañó a informarse a la Universidad de Birseit, donde no llegarían aquel día y donde nunca se matricularía.

Los soldados de uno de aquellos controles denigrantes, después del eterno y repetido interrogatorio al que sometían a la gente que quería pasar, ordenaron a su tío Jalil que sacara un papelito de un bote, como si fuera un sorteo.

Y lo era.

Con aquellos papelitos, elegías, sin que tuvieras otra opción, qué hueso te romperían los soldados antes de dejarte marchar. Al tío

Jalil le tocó la clavícula. Se la rompieron sin inmutarse. De un golpe de culata. Con mucha precisión. Delante de él.

Ya no querían matarlos. Querían convertirlos en tullidos, que no solo no pudieran contribuir a construir un país, sino que se convirtieran en una carga para su gente.

Luego, los soldados los echaron a patadas y empujones.

Y se reían.

Estaba harto de tanta humillación. Ya no soportaba la vergüenza. Una vergüenza que le hacía daño, cuando veía a los hombres del vecindario humillados por aquella pandilla de soldaditos, no mucho mayores que él, que se permitían maltratar a aquellos padres de familia y tenerlos de pie bajo el sol, durante horas, cuando no los obligaban a arrodillarse ante sus botas o les propinaban palizas delante de sus mujeres y de sus hijos.

Saher siempre tenía un nudo en la garganta. Un nudo que le dolía tanto como la vergüenza y le hacía apretar los dientes y respirar fuerte cuando veía los uniformes de los soldados israelíes, que se movían por los territorios palestinos como si les pertenecieran. Se ahogaba de impotencia. Tenía que hacer algo. No quería sentirse tan absolutamente indefenso ante la arbitrariedad de los verdugos, ante el desprecio que los ocupantes mostraban por su gente, ante la violencia gratuita a la que estaban permanentemente expuestos, solo por el hecho de ser palestinos.

Daba igual si no hacías nada malo.

Daba igual si solo querías ir a dar una vuelta.

Daba igual si solo querías charlar con los amigos en la calle.

Daba igual si solo querías ir a comprar comida o a buscar agua.

Podías caer muerto de un tiro. Como el pequeño Nabil.

Saher odiaba la sensación de saber que podían hacer con él, con su familia y con sus vecinos, lo que quisieran. Porque sí. Solo porque eran palestinos.

Saher sabía que Yassera, su madre, estaba preocupada por él. Su madre, que parecía estar siempre en la luna con su discurso pacifista, con sus actividades de denuncia, con sus esfuerzos por encontrar vías de diálogo con aquellas otras mujeres, las israelíes, que a él todavía le parecían más surrealistas, porque no sabía qué pensar de ellas.

Aquellas mujeres formaban parte de aquella ocupación tan brutal, ¿y querían ir de buenas? ¿Por qué se manifestaban? ¿Querían tranquilizar sus conciencias?

Alguien tenía que pagar por todo aquello.

Y Saher seguía decido a inmolarse.

Pero Djamila lo acorralaba. Lo seguía. Lo espiaba. Y fingiendo un valor que no tenía, disimulando el terror que le producía la certeza de que podía perder a Saher en cualquier momento, le preguntaba qué estaba tramando y si había perdido el juicio.

Lo pilló desprevenido que su hermana, que parecía vivir en un mundo aparte, siempre alimentando aquella obsesión suya por estudiar música, lo hubiera descubierto. ¡Ni siquiera había hablado de sus planes con sus amigos! Estaba convencido de que había sabido ocultar muy bien sus intenciones y que aquel era su gran secreto.

Pero Djamila se lo había olido.

Saher se lo confesó todo. Los trámites que trataba de hacer y su voluntad de llegar hasta el final. No quería morir para nada, como Nabil. Quería que su muerte sirviera al menos para que su país avanzara hacia la libertad. No se quería quedar más tiempo de brazos cruzados, soportando su condición de víctima sin hacer nada para liberarse.

Djamila no podía apoyarlo.

—Huir, aunque sea en la muerte, no soluciona los problemas, Saher, —le decía. Y lo trataba de cobarde.

Él no replicaba demasiado, pero fue encontrando gusto en charlar con su hermana. Los razonamientos de Damila lo dejaban boquiabierto. ¿Cuándo había dejado de ser una niña pequeña aquella joven que tenía delante y lo aleccionaba?

Sin embargo, no lo veía claro. No quería quedarse de brazos cruzados.

Djamila tampoco sabía qué acabaría haciendo su hermano. Y sufría.

Los dos sufrían.

Arik

Verdades silenciadas

Efrat era consciente de que su propio gobierno los estaba engañando. Manipulaba la información, como la habían manipulado también, años atrás, los sionistas que habían reclamado Palestina con el famoso eslogan: "Una tierra sin pueblo, para un pueblo sin tierra".

El Estado de Israel se había construido sobre una mentira. Aquella tierra, Palestina, sí tenía un pueblo. Era mentira que por aquellos territorios solo deambulara un puñado de nómadas como decía entonces la propaganda. Y para hacer creíble aquella mentira, el Estado de Israel no dejaba de borrar el rastro de aquel pueblo que vivía en aquellas tierras: la destrucción sistemática de las poblaciones palestinas era una práctica habitual desde los inicios de aquel nuevo país que apenas hacía poco más de medio siglo que existía.

Los sionistas como el tío Ariel repetían hasta la saciedad que el Estado de Israel era un Estado judío, para todos los judíos del mundo, y que, por lo tanto, nadie que no lo fuera podía ser ciudadano de Israel. Por eso los árabes tenían que marcharse, porque no eran judíos. Los judíos practicaban la misma religión, que los unía. Era más que una religión, era un código civil, una cultura que impregnaba todos los ámbitos de la vida. Y tenían que vivir juntos, en su propio territorio, porque eran una minoría, permanentemente amenazada.

Los colonos no negaban ni se avergonzaban de haber matado a más de un palestino, ya fuese desde su jardín o durante las incursiones que hacían, escoltados por los soldados del ejército, para ahuyentar a los campesinos palestinos de los olivares cuando llegaba el tiempo de la cosecha. Tampoco ocultaban el hecho de que algunos colonos habían puesto bombas en escuelas palestinas.

Aquello era una guerra.

Una guerra sucia por la supervivencia del pueblo judío.

El tío Ariel había discutido a menudo de todo aquello con su sobrina, Efrat, que le reprochaba casi todo cuanto él hacía. Pero para él, Efrat era una majadera. ¡Una israelí que defendía los derechos de los palestinos y el diálogo con ellos! ¡Era una suerte que no hubiera muchos como ella en todo Israel! Efrat, Yitzhak y aquella pandilla de traidores que criticaban al gobierno, no entendían que la paz solo podía conseguirse por la fuerza, por el poder de las armas y la amenaza de represalias. Israel tenía que defenderse de los ataques de aquella banda de asesinos.

Efrat odiaba la mentira. La abuela Ruth la había educado en la honestidad y a menudo tenía que morderse la lengua cuando veía como amigos y compañeros de trabajo se tragaban todo lo que el gobierno les quería hacer creer.

Les oía repetir, convencidos, las consignas. Que si los árabes querían exterminarlos. Que si tenían que defenderse. Que Israel era víctima del odio y el antisemitismo que los había perseguido a lo largo de toda la historia del pueblo judío.

Y se ponía negra, porque en realidad, Israel era la mayor potencia militar de la región.

Durante todo aquel tiempo en que Arik había estado entrando y saliendo de la cárcel, yendo de juicio en juicio, sus padres, Efrat y Yitzhak, estuvieron a su lado. Se sentían llenos de orgullo y satisfacción, aunque se les rompía el corazón al pensar que Arik tendría que pasar mucho tiempo entre rejas.

Pero lo que más había animado al joven, fue darse cuenta de que no estaba solo en Israel.

A raíz de sus primeras declaraciones, descubrió que formaba parte de un grupo creciente de gente que se negaba a formar parte de las fuerzas armadas o que, a pesar de ocupar cargos en la jerarquía militar, se negaban a ser enviados a los territorios ocupados.

Eran muchos.

Pero no se hablaba de ellos. Aquel tema no se mencionaba ni siquiera en privado, en reuniones familiares o en tertulias de amigos.

Era una realidad que se ocultaba a la población, como tantas otras cosas, para que su ejemplo no arrastrara a otros chicos y chicas a hacer lo mismo. Estaban en la cárcel o recluidos en bases militares, aislados de la vida cotidiana y del exterior, mientras eran sometidos a juicios e interrogatorios.

En la cárcel, Arik había sufrido mucho, porque era tratado como un traidor. No se sentía un traidor. Amaba Israel. Era su país. Quería vivir allí siempre. Pero no quería hacerse cómplice de la injusticia, ni de los crímenes de su gobierno.

Por supuesto, no le dejaron llevarse su violonchelo a la prisión.

Había echado de menos la música y su instrumento más que a su padre o a su madre.

Pero también este precio lo había pagado contento. Sabía que había hecho bien y que cuando saliera de allí podría vivir el resto de su vida en paz consigo mismo.

Y este pensamiento le llenaba de aire los pulmones.

Djamila

Hacer realidad un sueño

Desde que era pequeña, Djamila soñaba con estudiar música. La música le parecía la cosa más alejada de la muerte y la opresión, de la humillación y el sufrimiento.

Desde que era pequeña, Djamila soñaba despierta.

Ahora que se hacía mayor, soñaba con moderación y con una gran dosis de sentido común, porque era consciente de su realidad.

Sin embargo, no había perdido la esperanza, porque como decía el abuelo Adnán, la esperanza era la única cosa que no podrían arrebatarles jamás.

Djamila cantaba.

Cantaba en las fiestas. Cantaba para acompañar el duelo. Cantaba mientras hacía sus tareas en casa, cuando todavía tenían casa. Cantaba cuando estaba sola. Su voz era su instrumento.

También cuando estaba acompañada, le pedían a menudo que cantara.

Y ella cantaba.

Viejas canciones que le había enseñado el abuelo Adnán, que hablaban de la tierra y de los olivos, del mar y de las montañas de Palestina.

Y de pronto sucedió.

Un día alguien le habló de nuevo de la Fundación Barenboim-Said. De aquel músico israelí y de un escritor palestino que eren amigos y creían en el diálogo entre ambos pueblos. Juntos habían puesto en marcha un proyecto muy ambicioso. Querían que, en poco tiempo y a pesar de la situación, pudiera existir una Orquesta Joven Palestina. Su fundación colaboraba con el Conservatorio Nacional de Música, que tenía sedes en la Ciudad Santa de Al Qods, que otros llamaban Jerusalén, en Belén y en Ramala. También trabajaba con dos escuelas de Palestina, una de ellas era la escuela de Naciones Unidas para niños y niñas refugiados. Así pretendían fomentar el gusto por la música, porque ambos creían que la música era un lenguaje universal y ajeno al tiempo.

Al mismo tiempo, la colaboración con todas aquellas instituciones les permitía descubrir a chicos y chicas con talento.

Djamila vio el cielo abierto.

Durante unos días no fue buena para nada. Solo pensaba en la posibilidad que se le ofrecía, allí mismo, en Ramala. Supo también que el músico judío había tocado un par de veces en Palestina, a pesar de la oposición del gobierno de Israel y la prohibición expresa del ejército. Que había recibido un premio en Jerusalén, que ellos llamaban Al Qods, y había repartido el dinero: la mitad la había destinado a aquel programa de actividades musicales en las escuelas palestinas y la otra mitad al Centro de Música de Jerusalén.

Después de darle muchas vueltas, Djamila se decidió.

No tenía nada que perder.

Salió hacia allí, con el paso firme y el corazón latiéndole muy fuerte.

A medio camino la alcanzó Saher. Resoplaba con fuerza, porque había tenido que correr.

—Me gustaría acompañarte, hermanita. Por si la cosa no sale bien y te llevas un disgusto —le dijo algo avergonzado, porque no quería parecer demasiado blando—. Pero sobre todo —añadió—, porque no querría perderme por nada del mundo este momento. ¡No sabes lo feliz que me haría que consiguieras tu sueño!

En la escuela hicieron a Djamila una prueba de canto.

Y la admitieron.

Arik

La música, punto de encuentro

Desde que era pequeño, Arik oía hablar en casa, a su padre y a su madre, de los disparates que hacía el gobierno. Ahora que se había hecho mayor, había llegado a entender muchas cosas que antes eran un misterio para él. Y lo que era más importante, se veía capaz de defender en serio lo que pensaba.

Desde que era pequeño, Arik había convivido con el miedo. Pero desde que era capaz de actuar, el miedo se había disipado como la niebla. Se daba cuenta de que el miedo inmovilizaba a las personas. No las dejaba pensar. No les dejaba hacer nada. Pero lo que le resultaba más curioso era que solo ahora que ya no lo sentía, se daba cuenta de ¡cuánto miedo había llegado a tener!

—No quiero vivir nunca más esclavo del miedo, mamá —le dijo a Efrat, en cuanto llegó a casa, al salir de la cárcel.

Arik regresó al Conservatorio.

Su profesor de violonchelo lo oyó tocar después de todo aquel tiempo en que Arik no había podido estudiar. Y quedó maravillado. El joven le contó que había practicado a ciegas y de memoria, a pesar de carecer de instrumento, para no perder la agilidad de los dedos. En poco tiempo recuperaría el tiempo perdido.

Entonces fue cuando su profesor le habló de los encuentros de músicos jóvenes, israelíes y árabes, que cada año organizaba el famoso pianista y director de orquesta, Daniel Barenboim. El Maestro y su amigo Edward Said, un escritor palestino, que había muerto hacía poco y que siempre había sido tan crítico con unos como con los otros, a quien los judíos acusaban de nazi mientras que en Palestina se habían prohibido sus libros, habían creado un plan de paz muy especial. Querían promover el diálogo y la reconciliación a través de la música.

Cada verano, aquel proyecto reunía a chicos y chicas con talento, israelíes y árabes. Y se montaba una orquesta. Para que estudiaran juntos. Para que tocaran juntos. Lo llamaban el Taller del West Eastern Divan. Los únicos requisitos necesarios para poder participar eran dos. Por un lado, lógicamente, los candidatos tenían que ser buenos músicos. Por otro lado, los chicos y chicas que formarían parte de la orquesta tenían que creer de verdad que no existía una solución militar al conflicto que ambos pueblos arrastraban.

—Me parece que cumples muy bien las dos condiciones, Arik —le dijo su profesor de violonchelo—. Tampoco voy a ocultarte que los músicos que participan en el taller están expuestos a toda clase de represalias. Algunos han recibido amenazas de muerte y a muchos se les boicotea su carrera profesional. Pero creo que tú tienes suficiente coraje y amas bastante la música como para no echarte atrás.

También le contó que mientras él estaba en prisión, había mandado una solicitud al Taller del Diván en su nombre y que había sido admitido.

—Tu piénsatelo, háblalo con tus padres y ya me dirás algo cuando hayas tomado una decisión.

Arik no necesitaba pensárselo. Aquella propuesta era más de lo que jamás se habría atrevido a soñar. Y supo de nuevo qué era la felicidad.

¡Aquel verano iría a Sevilla, a estudiar con la orquesta del Maestro Barenboim! ¡Tenía que contárselo a Rachel!

La paz es el camino

"No hay caminos que lleven a la paz. La paz es el camino."
MAHADMA GHANDI

Años y más años viendo las mismas imágenes. Noticias de enfrentamientos, en los territorios ocupados de Palestina, entre los tanques y los soldados armados del ejército de Israel, y los grupos de jóvenes que lanzan piedras y luego corren a esconderse detrás de coches aparcados o de montones de cascotes. Atentados.

La música de fondo tampoco es nunca ninguna novedad. El eco de los disparos y de los golpes de los pedruscos rebotando contra la chapa de los carros blindados. Espaciados –tac-tac-tac- o muy seguidos –ta-ta-ta-ta-ta-. Graves o agudos. Breves como fusas o largos como redondas ligadas.

Imágenes que me hacían pensar en la historia de David, el pastor, que venció a Goliat, el gigante, de una pedrada en la frente. Y en las batallas de la Antigüedad, cuando los israelitas luchaban, armados con hondas, contra ejércitos poderosos. La historia se repite, aunque con los papeles cambiados, desde hace más de medio siglo y en el mismo territorio.

¿Qué había sucedido en aquellas tierras durante aquel paréntesis de 6.000 años? ¿Cómo se había llegado al callejón sin salida de la dolorosa situación actual? ¿Qué enfrentaba a aquellos dos pueblos que tenían unos orígenes comunes? ¿Qué los empujaba, si ambos arrastran un bagaje tan lleno de sufrimiento?

No hacía mucho que había sabido que los soldados de Israel habían destruido todos los instrumentos de una escuela de música palestina. Hacía más tiempo que conocía la iniciativa del Taller del Diván, promovida por el músico Daniel Barenboim y el escritor Edward Said para fomentar el diálogo y la paz.

Ariel Sharon era todavía el Presidente de gobierno en Israel cuando me puse a trabajar.

Desde el convencimiento de que la paz es posible, sean cuales sean las circunstancias.

Desde el conocimiento de que, a ambos lados del muro, existen iniciativas ciudadanas, de gente anónima que busca el entendimiento, sin que los medios de comunicación se hagan eco de ello.

Así nacieron las historias paralelas de dos familias, una israelí y la otra palestina, en un escenario común. La música, símbolo de la esperanza, sería el hilo conductor, la herramienta, tal y como lo entiende la Fundación Barenboim-Said. Y al llegar el momento de elegir cómo organizar la información, cómo estructurar el relato y ordenar los capítulos, me pareció adecuado, ya que la música era el camino, plantearme el reto de dar al texto el formato de una sinfonía, en cuatro movimientos.

Una Sinfonía de la Tierra, que solo podría interpretar una orquesta mixta.

En el primer movimiento, tipo sonata, se exponen y se alternan dos temas musicales, dos realidades paralelas que no se cruzarán nunca, más que en el horizonte. La historia de la familia de Djamila y la de la familia de Arik. La historia del territorio actúa como el puente que conecta ambos relatos, fatalmente ligados y de momento todavía trágicos.

El segundo es una canción triste, lenta y ornamentada, con sus estrofas, episodios de la vida de Djamila, y sus estribillos, los interrogantes en la vida de Arik.

El tercer movimiento se convierte en una danza vigorosa en tres partes. Arik, aunque a disgusto, deberá afrontar la realidad y tendrá que escoger, mientras al otro lado del muro, Djamila también se hace mayor.

La sinfonía se cierra con un cuarto movimiento, donde las estrofas se suceden a buen ritmo, hasta que llega para los protagonistas la posibilidad de estrenar una nueva etapa, la oportunidad de abrir una puerta, aunque sea pequeña, a la esperanza.

"Palestina, la Sinfonía de la Tierra" quiere ser un acto de reconocimiento y de agradecimiento a tantos hombres y mujeres desconocidos que en Palestina y en Israel no escatiman ningún esfuerzo para llegar a un entendimiento justo que les permita convivir. Un canto a toda esa gente valiente, a menudo silenciada e incluso perseguida, que sabe que no hay caminos que conduzcan a la paz, que está convencida de que solo la paz es el camino.

Anna Tortajada, abril de 2005

GLOSARIO

Hacer *la aliah:* Expresión utilizada por los judíos de la Diáspora para referirse a su regreso a Palestina

Kibbuz, kibbuzim: Asentamiento rural construido por emigrantes judíos en Palestina

Sionistas: Judíos que reclaman con argumentos religiosos toda Palestina para Israel

Eretz Israel: El Gran Israel que reclaman los sionistas. Abarca toda la Palestina histórica, desde la costa hasta el río Jordán

Intifada: Erguir la cabeza, quitarse un peso de encima, por extensión, rebelión

Yom Kipur: Fiesta religiosa judía. La Fiesta del Perdón

Sumud La virtud de resistir

Checkpoints: Barreras de control del ejército y la policía militar israelí en las carreteras y accesos a las poblaciones

Yeshivá: Escuela judaica ultraortodoxa

Kasam: Misiles de fabricación casera que utilizan los grupos armados de Hamas

Zanana: Aviones israelíes, pequeños y sin motor, que pueden convertirse en misiles

Kipá: Gorro de tela redondo que usan los judíos

Tora: Los cinco primeros libros del Antiguo Testamento que recogen la Ley de Moisés

Refusenik: En Israel, alguien que se niega a matar, a servir en las filas del ejército, un objetor de conciencia

Muqata: Sede del gobierno palestino en Ramala

CRONOLOGÍA:

1919 Después de la Primera Guerra Mundial y de la caída del Imperio Otomano la Sociedad de Naciones establece un sistema de mandatos.

1920 Gran Bretaña recibe el mandato sobre Palestina.

1920-30 Enfrentamientos entre la población autóctona palestina y los colonos judíos.

1936-39 Revueltas palestinas antisionistas.

1947 La ONU aprueba el plan de partición de Palestina.

1948 Proclamación del Estado de Israel. Empieza la primera guerra arabo-israelí. Éxodo de refugiados palestinos a los países vecinos.

1967 Guerra de los Seis Días. Israel se anexiona el Sinaí egipcio, Cisjordania y los Altos del Golán sirios.

1982 Israel invade el Líbano. Matanzas de refugiados palestinos en Shabra y Shatila.

1987 Primera Intifada o revolución de las piedras.

1991 Conferencia de Paz de Madrid, inicio de entendimiento entre los gobiernos de Israel y Palestina.

1994 El primer ministro israelí Isaac Rabin y el líder palestino Yasser Arafat firman en El Cairo la puesta en marcha de la autonomía palestina. Yasser Arafat regresa a Gaza después de 27 años de exilio.

1995 El primer ministro israelí Isaac Rabin es asesinado por un judío radical.

1996 Yasser Arafat gana las elecciones a la ANP (Autoridad Nacional Palestina).

2000 Fracasan las negociaciones entre Israel y Palestina bajo la mediación de Bill Clinton. Segunda Intifada provocada por la visita de Ariel Sharon a la Explanada de las Mezquitas en Jerusalén.

2001 Tras una oleada de atentados, Ariel Sharon decreta el confinamiento del presidente palestino Yasser Arafat en Ramala.

2002 Israel inicia la construcción de un muro de separación a través de 400 Km y miles de palestinos quedan aislados.

2004 Arafat muere en París.

2005 Abbas gana las elecciones y substituye a Arafat en la ANP. Ariel Sharon sufre una apoplejía y queda en coma irreversible. Es substituido por Ehud Olmert.

2006 Hamás desplaza a Al-Fatah de la mayoría parlamentaria en Palestina. Ataques israelíes contra Gaza.

2007 Conferencia de paz de Annapolis auspiciada por los EEUU. Palestinos e israelíes se comprometen a llegar a acuerdos antes de 2009.

be curious

www.verlag-akademie-der-abenteuer.de